如何弘扬好作风

任初轩◎编

人民日报出版社
北京

图书在版编目（CIP）数据

如何弘扬好作风 / 任初轩编 . -- 北京 : 人民日报出版社 , 2025. 4. -- ISBN 978-7-5115-8731-2

Ⅰ . D261.3

中国国家版本馆 CIP 数据核字第 2025BB6276 号

书　　名：如何弘扬好作风
　　　　　RUHE HONGYANG HAOZUOFENG
作　　者：任初轩

出 版 人：刘华新
策 划 人：欧阳辉
责任编辑：周海燕　马苏娜
装帧设计：元泰书装

出版发行：人民日报出版社
社　　址：北京金台西路 2 号
邮政编码：100733
发行热线：（010）65369509　65369512　65363531　65363528
邮购热线：（010）65369530　65363527
编辑热线：（010）65369518
网　　址：www.peopledailypress.com
经　　销：新华书店
印　　刷：大厂回族自治县彩虹印刷有限公司
法律顾问：北京科宇律师事务所　（010）83622312

开　　本：710mm × 1000mm　1/16
字　　数：237 千字
印　　张：17.5
版　　次：2025 年 4 月第 1 版
版　　次：2025 年 8 月第 2 次印刷

书　　号：ISBN 978-7-5115-8731-2
定　　价：58.00 元

如有印装质量问题，请与本社调换，电话：（010）65369463

目　录
Contents

第一篇 | 对党忠诚，做自觉自律的赤诚者

第二篇｜求真务实，做挺膺担当的奋斗者

第三篇 | 坚守初心，做锲而不舍的奉献者

第四篇 清正廉洁，做优良传统的继承者

拓展阅读

第一篇

对党忠诚，做自觉自律的赤诚者

坚持党性党风党纪一起抓

坚强党性、端正党风、严肃党纪，是中国共产党百余年历经磨难仍不断开创历史伟业的政治密码和宝贵经验，也是新征程上以党的自我革命引领伟大社会革命的坚强保证和根本要求。习近平总书记强调：“党性、党风、党纪是有机整体，党性是根本，党风是表现，党纪是保障”，要求“坚持党性党风党纪一起抓，从思想上固本培元，提高党性觉悟，增强拒腐防变能力，涵养富贵不能淫、贫贱不能移、威武不能屈的浩然正气”。这是对马克思主义政党“内在自觉性”与“外在规范性”有机统一的要求，为新时代锻造先进的马克思主义政党提供了遵循。党的十八大以来，以习近平同志为核心的党中央坚持党性党风党纪一起抓，制定了一系列新规定新举措，推进全面从严治党向纵深发展，不断把新时代党的建设新的伟大工程推向前进。

党性是党风党纪的内在根本。事物的本质决定其表现形式。党性是党的使命、属性和特质在党员思想和行动上的具体体现，反映着党的阶级属性、政治理想、价值追求和根本立场，是党员干部立身、立业、立言、立德的基石。习近平总书记指出“党性说到底就是立场问题”，强调“党性修养好、党性坚强，遵守党纪就会更加自觉”。党性和党风党纪是“根”与“枝”、“里”与“表”、“魂”与“形”的关系。端正党风、严肃党纪，关键在于增强党性，通过修炼共产党人的“心学”立根固本。实践表明，党员干部只有党性坚强，在思想上正本清源、固本培元，才能立场坚定、意志刚强，进而自觉增强遵守党纪的主动性，确保党纪严明和党风清正。广大党员干部要坚持以党性立身做事，自觉增强党性修养，提高党性觉悟，在思想淬炼、政治历练、实践锻炼、专业训练中锻造对党忠诚、信念坚定、一心为民的政治品格，为端正党风、严肃党纪奠定基础、筑牢根本和注入动力。

党风是党性党纪的外在表现。党的作风是党的形象，是观察党群干群关系、人心向背的晴雨表。习近平总书记指出："作风问题本质上是党性问题""党风问题关系执政党的生死存亡"。辩证唯物主义告诉我们，现象是本质的反映。党风是党性党纪的外在表征和彰显，党的作风状况直接反映出党性的强弱、党纪的严松。同时，优良的党风，能够滋养促进党性、维护加固党纪。党性坚强、纪律严明的党员，在作风上必定怀德自重、纯洁优良。因此，培育优良党风，必须强党性、严党纪，以内在的政治定力、道德修为和外在的纪法要求，抵御形式主义、官僚主义、享乐主义和奢靡之风等不正之风，积极涵养求真务实、清正廉洁的党风。

党纪是党性党风的有力保障。纪律严明是我们党的光荣传统和独特优势。党要管党、从严治党，靠什么管，凭什么治？就要靠严明纪律。党纪既有教育约束功能，又有保障激励作用，是党性党风的有力规范和保障。党纪越严，学纪知纪明纪守纪的自觉性越强，党性就越能得到守护和锤炼，党内政治生活就越规范，也就越容易形成良好党风，进而促进党的凝聚力和战斗力不断提升。正风必须肃纪，纪严才能风清，才能锻造坚强党性、培育优良党风。党员干部要时刻坚持以党纪为"戒尺"，有禁必止，不踩红线、不越底线、不碰高压线，真管真严、敢管敢严，在持之以恒的党纪引导、约束和震慑中不断提高党性修养、涵养新风正气。

统筹抓好党性党风党纪。党性党风党纪目标一致、功能相辅、价值共通，是相互联系、相互作用、相互支撑的有机整体，共同统一于党的建设这项伟大工程，缺一不可，需要以系统思维统筹共抓，形成"思想引领—行为规范—制度约束"的闭环。一方面，要抓整体。以普遍联系的观点、全局性视野正确对待党性党风党纪的关系，贯通教育、预防、惩治、监督等环节，做到同向发力、综合发力，在一体推进、综合施策和相得益彰中实现“1+1+1>3”的良好效果。另一方面，要抓重点和要害。瞄准主要矛盾，聚焦党性党风党纪实际工作的重点领域和各自特点，以及面临的突出问题和现实难题，加强思想建党、理论强党和制度治党的有机结合和系统推进，在严格执纪、惩治震慑、整治歪风和弘扬正气中夯实党性根基，增强政治觉悟和修养，增强拒腐防变能力。新征程上，我们要继续坚持系统思维，在提炼总结从严管党治党经验的基础上常抓不懈，坚持党性党风党纪一起抓，把党治理好、建设强，为进一步全面深化改革、推进中国式现代化提供坚强保证。

（田旭明　《人民日报》2025 年 03 月 13 日第 09 版）

涵养“检身若不及”的自觉

“检身若不及”出自《尚书·伊训》。商朝右相伊尹告诫刚即位的帝太甲：“与人不求备，检身若不及”。意思是对别人不能求全责备，反省自身要唯恐达不到标准。习近平总书记引用这句古语，指出“要有‘与人不求备，检身若不及’的精神，时刻自重自省自警自励”，要求“年轻干部要有‘检身若不及’的自觉，经常对照党的理论、对照党章党规党纪、对照初心使命、对照党中央部署要求，主动查找、勇于改正自身的缺点和不足”。习近平总书记这一重要要求，可谓意义深远。

为什么党员干部要涵养“检身若不及”的自觉？一般而言，人的行为受制于两种力量，一种是内心的自我约束，一种是法律、规则等的外在约束。外因通过内因起作用，自我约束往往比外在约束更为长久和有效。《礼记 · 大学》提出“修身、齐家、治国、平天下”，其中修身是齐家、治国、平天下的重要前提和基础。一个人有了自省精神，才能及时校正自己的思想和行为。从实践上看，全面建设社会主义现代化国家、全面推进中华民族伟大复兴，关键在党。广大党员干部只有涵养“检身若不及”的自觉，才能不断提升政治境界、思想境界、道德境界，才能永葆共产党人的政治本色，从而推动改革发展稳定各项任务扎实展开。

中国古代历来注重克己修身、为政以德。古人说，“修其心治其身，而后可以为政于天下”。只有自省，方能自知、自律、自强。唐太宗李世民说：“朕每闲居静坐，则自内省，恒恐上不称天心，下为百姓所怨。”北宋名臣范仲淹每晚睡前都要算一算自己所拿俸禄和一天所做事情是否相称，若不相称，则“终夕不能安眠，明日必求所以称之者”。清朝廉吏于成龙在《示亲民官自省六戒》中提出为官者“自省六戒”，使基层官员“朝夕观省，自为猛惕”。

习近平总书记指出：“中国传统文化历来把自律看作做人、做事、做官的基础和根本”“我们共产党人更应该强化自我修炼、自我约束、自我塑造”。回顾百余年党史，我们党之所以能够经受各种风险考验，战胜各种困难挑战，很重要的一点就是广大党员高度重视以自省自律来锤炼党性、提高思想觉悟。毛泽东同志认为“有无认真的自我批评，也是我们和其他政党互相区别的显著的标志之一”；周恩来同志视“吾日三省吾身”为“个人修养的最好规范”，并订立“我的修养要则”自我鞭策；“长征四老”之一的谢觉哉，60岁还关起门来反躬自省：“‘行年五十，当知四十九年之非’，那么行年六十，也应该设法弥补五十九年以前的缺点”“假如我以前更努力些，特别是入党以后，我的成就也许要大些”……老一辈革命家率先垂范，为我们留下宝贵精神财富。新时代党和国家事业取得历史性成就、发生历史性变革，同样离不开中国共产党人的自省精神。全国道德模范龚全珍说：“每天检查自己一天中干了什么事情，做的事情对人民有好处没好处，我用这个方法来不断纠正自己的‘好逸恶劳’。”将生命定格在扶贫路上的黄文秀曾在日记中写道：“我还不够勇敢。”这些质朴的话语，道出了共产党人的自省精神和党性追求。

历史和实践充分表明，只有涵养“检身若不及”的自觉，才能不断增强在是非面前的辨别能力、诱惑面前的自控能力、警示面前的醒悟能力，不断提高慎权、慎独、慎微、慎友的自觉性。要牢固树立正确的权力观、地位观、利益观，始终做到“心有所畏、言有所戒、行有所止”，始终做到不越权、不逾矩、不违规，做到台上台下一个样、人前人后一个样、八小时内外一个样。如果缺乏自省精神，就很容易在“小处不察”中逐渐胆大妄为，甚至在“暮夜无知者”的侥幸中出卖原则、踏上不归路。

当前，我们尤其需要“检身若不及”的自省精神。习近平总书记深刻指出："我们要清醒看到，我们党长期执政，党员干部中容易出现承平日久、精神懈怠的心态。"世界百年变局加速演进，我国正处于以中国式现代化全面推进强国建设、民族复兴伟业的关键时期。新征程上，党面临形势环境的复杂性和严峻性、肩负任务的繁重性和艰巨性世所罕见、史所罕见。涵养"检身若不及"的自觉是进行伟大斗争、应对风险挑战的题中应有之义。只有每个党员都增强自省精神、不断自我淬炼，我们才能"共同把党锻造成一块攻无不克、战无不胜的坚硬钢铁"，才能在新的壮阔征程上，不断创造无愧于党、无愧于人民、无愧于时代的优异成绩。

（葛亮亮 《人民日报》2025 年 02 月 26 日第 09 版）

控制好“一闪念”

习近平总书记指出：“守住拒腐防变防线，最紧要的是守住内心，从小事小节上守起”。对于党员领导干部来讲，控制好“一闪念”尤为必要。诸多违纪违法案例表明，许多人正是在小事小节上不经意间“一闪念”，没能守住底线，从此便一发不可收拾，最终酿成大错。

所谓的“一闪念”，常常“闪”出的是为己、利私之念。一些党员领导干部违纪违法，问题的根源往往就在一个“私”字之上。革命战争年代，面对敌人的威逼利诱，一些人在私心驱使下走上叛变投敌之路。现如今，面对形形色色的“围猎”腐蚀，一些党员领导干部同样是在私心驱使下“咬钩”，甘心成为被“围猎”的对象。“一闪念”之时，往往也是私心杂念萌生之时，在头脑中只要“私”字一发酵，思想就发霉，行动就越轨。越是在这种时候越要严于律己、慎独慎微，把私心杂念消弭在萌芽状态。

心存“一闪念”，思想就难免开小差、头脑就会犯糊涂。越是这种时候越不能盲动，而要冷静思考“我会怎样”“我会如何”的后果。譬如，一个人在马路上驾车快行，突遇红灯亮起，此时如有“一闪念”冲过去，就要想到肯定是要因违反交规而受罚的，而且还有可能造成人身伤害的严重后果。现实中，有些党员领导干部身处高位、手握权力，稍有不慎就会成为贪腐“病毒”的易感人群。如若“一闪念”收受他人贿赂，就会被人拉拢腐蚀、拿捏控制，在违法乱纪后受到党纪国法的严惩。

古人云：“志不立，如无舵之舟，无衔之马”。每遇“一闪念”之时，须有“咬定青山不放松”的定力，特别是要有纪律定力，时时、处处、事事守纪律、讲规矩，把纪律挺在前面，将纪律意识融入灵魂和骨髓，内化于心、外化于行。同时，也要不断增强抵腐定力。每当“一闪念”之时，心中常念“清廉是福、贪欲是祸”，牢记初心使命，时刻警醒、经常自省。比如，在面对金钱诱惑时慎物欲，对非法收入、不义之财切莫伸手；在面对美色诱惑时慎色欲，做到自尊自重，洁身自好，这样才能切实做到心有所戒、行有所止，公私分明、秉公用权。

有些党员领导干部把持不住“一闪念”，陷入违纪违法的泥淖不能自拔，还有一个重要原因就是心存侥幸。在侥幸心理的驱动下，有些人在收受贿赂时心中盘算：“我知他知别人不知，不会有事”，有人暗忖：“私下进行，旁人不会发觉”。于是，抱着这样的侥幸心理在看似不起眼的小事上开了口子，埋下腐化堕落的祸根，最终滑入贪腐深渊。凡此种种“一闪念”，究其原因都是掩耳盗铃、自欺欺人的心理在作祟。俗话说得好，要想人不知，除非己莫为。对于党员领导干部而言，在党纪国法前心存侥幸，终会与“不幸”不期而遇，并为之付出沉重代价。应当清醒看到，“一闪念”之时的侥幸，正是灾祸临头的开始。所谓的侥幸“躲过”只是暂时的，而东窗事发则是早晚的。只有不断强化纪律意识、加强自我约束、提高免疫能力，知敬畏、存戒惧、守底线，才能做到百毒不侵。

“一闪念”就像闪电一样发生在瞬间，然而，看似瞬间的“闪念”所为，从中就可以找出党性修养不够、个人修为不深的原因。冰冻三尺非一日之寒。从“一闪念”到一念之差，差的是思想上正本清源、固本培元的定力，缺的是学纪知纪明纪守纪的自觉。避免“一闪念”诱发的一念之差，必须多积尺寸之功，不断筑牢思想道德防线，在思想层面防微杜渐，筑牢“不想腐”的堤坝，不断增强廉洁自律意识，在明辨是非、荣辱、苦乐、得失、利弊等尺度准绳中永葆共产党人的政治本色。

（李俭 《人民日报》2025 年 02 月 19 日第 09 版）

把党纪要求内化为日用而不觉的言行准则

严守党的纪律，重在躬行，贵在自觉。习近平总书记强调：“加强党的纪律建设是一项经常性工作，要引导党员、干部把他律转化为自律，内化为日用而不觉的言行准则。”纪律的贯彻执行既依赖于外在强制性约束，更取决于个体将外在约束内化为自我要求。相较于他律，自律更具内在约束力。

马克思主义认为，无产阶级政党纪律是建立在无产阶级先锋队觉悟和共同的革命理想基础之上的。我们党在成立之初就十分重视党的纪律建设，延安时期，毛泽东同志指出：“党的纪律是带着强制性的；但同时，它又必须是建立在党员与干部的自觉性上面”。2024 年 10 月，习近平总书记在福建省漳州市东山县参观谷文昌纪念馆时指出：“学习谷文昌同志，不仅要高山仰止，还要见贤思齐，像他那样做人、为政。”谷文昌曾这样教育自己的孩子：“我管林业，如果我做一张桌子，下面就会做几十张、几百张，我犯小错误，下面就会犯大错误。当领导的要先把自己的手洗净，把自己的腰杆挺直！”谷文昌正是以自己心中的“戒”，赢得了群众心头的“敬”。

一个组织的高度团结和集中统一，离不开组织内全体成员基于共同奋斗目标指引下的普遍自律。纪律自觉仅依靠外部的约束是远远不够的，只有以共同奋斗目标为引领，筑牢理想信念之基，才能真正将他律转化为自律。理想信念是中国共产党人的精神支柱，没有理想的纪律靠不住，没有纪律的理想难持久，只有筑牢理想之基，涵养信念定力，把理想和纪律有机结合起来，始终把实现共产主义作为最高理想，把为中国人民谋幸福、为中华民族谋复兴作为初心使命，把纪律自觉变为党性修养的重要内容，才能使遵守党的纪律、恪守政治规矩成为每个党员发自内心的自觉选择。

“欲知平直，则必准绳；欲知方圆，则必规矩。”有了理想，还要有纪律才能实现。党的纪律之所以产生、之所以必要，就在于并非所有党员都能严格自我要求、自我约束。自律是建立在他律基础之上的觉悟，只有严格的他律，才能形成广泛的自律，而要形成自觉的纪律，学纪知纪明纪守纪是前提。党员、干部必须树牢纪律意识、规矩意识，知边界、明底线，用党规党纪校正思想和行动，搞清楚党的纪律规矩是什么，弄明白能干什么、不能干什么，把遵规守纪刻印于心，使铁的纪律转化为党员、干部的日常习惯和自觉遵循。

种树者必培其根，种德者必养其心。道德修养是自律的基础。自律，是中国共产党人的优良传统和崇高品格。焦裕禄从不让孩子“看白戏”，杨善洲一辈子坚守下乡、出差自己缴伙食费……无数共产党员以身作则，在自律上发挥了表率作用。同时，也毋庸讳言，现实中也有少数党员、干部弃守初心使命，违反党规党纪，心为物役，腐化堕落，把党和人民赋予的权力作为谋取私利的手段，最终堕入腐败深渊。对于党员、干部而言，纪律是“紧箍咒”也是“护身符”，只有见贤思齐，以案为鉴，自觉用党的纪律规矩照镜子、正衣冠，厚植自律之本，筑牢自觉之基，才能把党的纪律铭刻在心，内化为言行准则，外化为日常习惯。

把他律转化为自律并非一日之功，而要持之以恒、久久为功，经常对标党纪准绳，校准思想之标、调整行为之舵、绷紧作风之弦，不断增强政治定力、纪律定力、道德定力、抵腐定力，坚持从日常养成严起，从小事细节做起，让约束变自觉，永葆共产党人的政治本色。

（魏顺庆 《人民日报》2025 年 02 月 12 日第 09 版）

坚持打铁必须自身硬

——论学习贯彻习近平总书记二十届中央纪委四次全会重要讲话精神

“新时代新征程，必须坚持用改革精神和严的标准管党治党，努力取得更大成效”。在二十届中央纪委四次全会上，习近平总书记着眼于实现新时代新征程党的使命任务，深刻阐述纵深推进全面从严治党、正风肃纪反腐一系列根本性方向性全局性重大问题，对深入推进全面从严治党作出战略部署。

我们党是马克思主义执政党，干的是前无古人的伟大事业，肩负着团结带领14亿多中国人民实现民族复兴的历史重任，只有搞好自身建设，才能以自我革命引领社会革命。新时代以来，从“打铁还需自身硬”到“打铁必须自身硬”，以习近平同志为核心的党中央对加强党的自身建设保持高度的历史自觉，在认识和实践上不断深化。从一体推进“三不腐”，到坚持党性党风党纪一起抓，再到健全全面从严治党体系……正是因为持之以恒推进全面从严治党，使党在革命性锻造中变得更加坚强有力，引领和保障新时代党和国家事业取得历史性成就、发生历史性变革。

当前，身处中国式现代化建设的关键时期，摆在我们面前的是更加艰巨繁重的任务，是绕不开、躲不过的各种风险挑战。如何把中国式现代化的宏伟蓝图变为美好现实？如何确保党始终成为中国特色社会主义事业的坚强领导核心？回答好这些重大课题，关键就是坚持用改革精神和严的标准管党治党，把全面从严治党引向深入，把党的伟大自我革命进行到底。

历史和实践反复证明，党的团结统一是党的生命，党中央坚强有力领导是我们战胜一切困难和风险的根本保证。习近平总书记强调："同党中央保持高度一致必须说到做到。"这既是确保党的团结统一的内在要求，也是我们战胜挑战、赢得主动的迫切需要。新时代新征程，要坚持不懈用习近平新时代中国特色社会主义思想凝心铸魂，推进政治监督向具体聚焦、向精准问效、向常态落实，确保全党在思想上、政治上、行动上同以习近平同志为核心的党中央保持高度一致，确保党中央各项决策部署落地见效，合力推动改革攻坚、促进高质量发展。

纪律严明是党的光荣传统和独特优势，也是党和国家事业不断从胜利走向新的胜利的重要保障。过去一年，党纪学习教育扎实开展，推动全党学纪知纪明纪守纪，推动广大党员、干部自觉做到忠诚干净担当，取得明显成效。同时要认识到，加强党的纪律建设是一项经常性工作，建立常态化长效化的纪律教育机制，严格执行党的纪律，准确运用"四种形态"，才能引导党员、干部把他律转化为自律，内化为日用而不觉的言行准则。党的纪律和干事创业是内在统一的，党的纪律既有教育约束功能，又有保障激励作用，既是"紧箍咒"，更是"护身符"。要把从严管理监督和鼓励担当作为统一起来，使干部在遵规守纪中改革创新、干事创业。

一个地方和部门全面从严治党局面如何，关键在于党组织和领导干部特别是一把手是否尽到了责任。正因如此，兑现打铁必须自身硬的铿锵承诺，就要强化全面从严治党主体责任和监督责任。党委要主动抓、主动管，纪委要把专责监督履行好，聚焦主责、干好主业，各责任主体都要知责、担责、履责，确保以责任主体到位、责任要求到位、考核问责到位，推动管党治党责任落实到位。要以理想信念强基固本，以先进文化启智润心，以高尚道德砥砺品格，推动廉洁文化建设实起来、强起来，为推进全面从严治党向纵深发展提供重要支撑。纪检监察机关要牢记习近平总书记殷切嘱托，肩负起党和人民赋予的职责使命，不断加强规范化法治化正规化建设，以更高标准、更高要求打造纪检监察铁军，始终做到忠诚干净担当、敢于善于斗争。

“十四五”规划收官之年，改革发展稳定任务十分繁重，进一步全面深化改革时不我待，需要广大党员、干部坚持干字当头、奋发有为。牢记打铁必须自身硬，把管党治党的螺丝拧得更紧，把严的基调、严的措施、严的氛围一贯到底，我们定能以全面从严治党的新成效为推进中国式现代化提供坚强保障。

（本报评论员《人民日报》2025 年 01 月 10 日第 01 版）

决定一名党员如何的是党性

习近平总书记指出："决定一个人如何的是品行，决定一名党员如何的是党性。"为什么决定一名党员如何的是党性呢？因为党性是党员干部立身、立业、立言、立德的基石，没有党性这一基石，各个方面就立不住、立不稳。以中国式现代化全面推进强国建设、民族复兴伟业，必定会有艰难险阻，可能遇到风高浪急甚至惊涛骇浪的重大考验，这对党员干部的党性修养提出了更高要求。

实践中，一些党员干部身上出现各种各样的问题，归根结底都能从党性修养不强上找到根源。比如，一些党员干部违法乱纪、滑向腐败的深渊，就是因为党性修养不强，不能勤掸"思想尘"，总是难破"心中贼"，守不住拒腐防变的思想防线。正因为如此，习近平总书记强调"要坚持党性党风党纪一起抓"。又如，一些党员干部政绩观出现偏差，热衷于搞"政绩工程""形象工程"，追根溯源，也是因为党性修养不强。习近平总书记指出："说到底，树立和践行正确政绩观，起决定性作用的是党性。只有党性坚强、摒弃私心杂念，才能保证政绩观不出偏差。"党性修养不强，干事动机就不纯正，就容易把干事和个人名利捆绑在一起，进而出现政绩观的偏差。可见，党性修养不强，容易导致各种各样的问题，既影响党员干部成长，也影响党和国家事业发展。需要认识到的是，党员干部的党性修养不会随着党龄的增加而自然提高，也不会随着职务的升迁而自然提高，必须终生努力，将其当作一辈子的事情，常修常炼、常悟常进。

加强党性修养，就要坚持在党内政治生活中锤炼党性。开展严肃认真的党内政治生活，是我们党的优良传统和政治优势。当前，有个别党员干部不重视党内政治生活。事实上，党内政治生活就像一座锤炼党性、淬化思想的熔炉，烧得越旺，越能炼就共产党人的“金刚不坏之身”。严肃的党内政治生活，能够帮助党员干部不断提高政治免疫力。为此，“三会一课”要突出政治学习和教育，突出党性锻炼。用好批评和自我批评这一党强身治病、保持肌体健康的锐利武器，坚持实事求是，讲党性不讲私情、讲真理不讲面子。党员干部要通过党内政治生活，加强理论武装，学深悟透习近平新时代中国特色社会主义思想，从思想上正本清源、固本培元，不断提高党性觉悟。

党员干部的党性不是空泛的，而是具体的，通过一言一行体现出来，必须注重在小事小节中涵养党性。小事小节是一面镜子，其中有党性、有原则、有人格。小事小节最能检验一个人的品质，不拘“小节”，终亏“大德”。一些党员干部犯错误，往往是从“不拘小节”开始，在小事小节上不能严格约束自己，思想上失去了警惕，行动上放纵了自己。党员干部加强党性修养，就要牢记“堤溃蚁孔，气泄针芒”的古训，强化慎初、慎微、慎独的意识，从日常生活严起，在小事小节上加强修养，从一点一滴中完善自己，涵养共产党人的高风亮节。

加强党性修养，不仅要进行思想淬炼、精神洗礼，更要在实践中不断锤炼，以实绩实效和人民群众满意度来检验。当前，进一步全面深化改革的任务艰巨繁重，正是检验党性的考场。如果在改革中不担当不作为，党性修养就无从谈起。党员干部在工作中要以党性的尺子来衡量工作得失、把握行为尺度，始终保持共产党人的政治本色，做到平常时候看得出来、关键时刻站得出来、危难关头豁得出来，在改革实践中直面矛盾问题不回避、铲除顽瘴痼疾不含糊、应对风险挑战不退缩，自觉为党分忧、为国尽责、为民奉献。

（曹江秋　《人民日报》2024 年 11 月 20 日第 13 版）

以忠诚、执着、朴实成就大写人生

英雄是国家和民族最闪亮的坐标。英雄辈出，党和人民事业就会兴旺发达、长盛不衰。在国家勋章和国家荣誉称号颁授仪式上，习近平总书记高度评价英雄模范的丰功伟绩和优秀品格，强调“他们的先进事迹和突出贡献将永载共和国史册，他们忠诚、执着、朴实的优秀品格值得全党全国各族人民学习”，号召全党全国各族人民以英雄模范为榜样，团结奋进、砥砺前行，汇聚起共襄强国盛举的磅礴力量。

“天下至德，莫大乎忠”。自古以来，中华民族对忠诚的赞颂与追求赓续不绝，历史长河中涌现出的忠臣义士不胜枚举，忠诚早已成为中国人的精神基因。诸葛亮说：“人之忠也，犹鱼之有渊。鱼失水则死，人失忠则凶。”忠诚，体现为以身许党许国，是英雄模范人物的信念和特质。“共和国勋章”获得者黄宗德，17 岁入伍投身革命，在渡江战役、江西剿匪、抗美援朝战争中冲锋在前、屡立战功，为保家卫国英勇奋战。这位出生入死的九旬老人在颁授仪式上发言，一句“只要党和人民需要，我们将义无反顾地奉献自己的一切”，生动诠释了忠诚的底色。“人民艺术家”田华，面对党旗，立下一辈子对党忠诚，永远听党话、跟党走的誓言，她塑造的“白毛女”“党的女儿”等家喻户晓的角色，广受人民群众喜爱。如果把人的每项才能比作一串数字中的“0”，若没有忠诚作为最前面的“1”，再多的才能也都于党于国于民无益。英雄模范之所以能成就非凡事业，最大的精神支撑就是以身许党许国的忠诚和担当。

执着是忠于自己所追求、所热爱的东西，并为之倾力投入、奋斗不息。当一个人有了执着的优秀品格，就不会随波逐流，就能矢志不渝地朝着奋斗目标前进。“共和国勋章”获得者王永志，始终把国家的需要作为个人的理想，参与完成研制战略导弹、研发运载火箭、送中国人上太空并筹建“天宫”，这三件事他一干就是一辈子；“共和国勋章”获得者李振声，耕耘田野 70 余年，只为让中国人吃饱饭、吃好饭；“人民教育家”张晋藩，90 多岁了每天仍然工作 4 到 5 个小时，他总以“不自满、不偷懒”要求自身，说自己是永不退休的教授……执着意味着对信念的坚守和不断进取的恒心。推进伟大事业，既有风险挑战的严峻考验，也有日常工作中的平凡琐事，更需要长期的拼搏和奉献，需要千千万万个像英雄模范们一样“执着的战士”，铸炼钢铁般的意志，几十年如一日埋头苦干，坚定不移，勇往直前。

朴实体现为真诚待人、踏实做事的态度。一个人要想有所成就，就不能浮躁浮夸、追名逐利。在平凡的工作岗位上忘我工作、无私奉献，不计个人得失，舍小家顾大家，是英雄模范们共同的品质。“人民科学家”赵忠贤，在 20 世纪七八十年代国内实验条件落后、缺少实验设备的情况下，和同事自己动手打造，为了赶实验进度，他们夜以继日地奋战。每逢获得荣誉的时候，这位朴实无华的科学老人，都希望公众能更加关注获奖名单外默默奉献的团队成员。从码头工人成长为行业楷模的“人民工匠”许振超，人们问他成功的秘诀是什么，他的回答很朴实：“就是精益求精做好本职工作。”英雄模范们踏踏实实做事，敬业勤业精业，成为善于干事创业的岗位能手、行家里手。他们身上这种朴实无华的品格，这种功成不必在我、功成必定有我的崇高精神，是一种伟大无我境界的真实映照。

榜样是看得见的哲理，典型是鲜活的价值引领。英雄模范忠诚、执着、朴实的优秀品格，是新时代所呼唤的优秀品格，也是每一个人应当追求的精神境界。学习和弘扬忠诚、执着、朴实的优秀品格，心怀对党、国家和人民的热爱，认真执着、脚踏实地把每件事做好，每个人都能在平凡岗位上创造不平凡的业绩，绘就中国式现代化更加壮美的锦绣画卷。

（王克修　《人民日报》2024 年 10 月 29 日第 09 版）

坚持党的全面领导

——牢牢把握进一步全面深化改革的重大原则

自2024年7月30日起，港澳地区外国旅游团入境海南144小时免签政策正式实施。加快建设具有世界影响力的中国特色自由贸易港，海南持续吸引世界关注。

海南自由贸易港的“中国特色”体现在哪里？习近平总书记强调了三个“不动摇”：坚持党的领导不动摇，坚持中国特色社会主义制度不动摇，坚持维护国家安全不动摇。以三个“不动摇”为遵循，海南自由贸易港如今正成为展示中国风范的靓丽名片。

办好中国的事情，关键在党。习近平总书记深刻指出，“只有毫不动摇坚持党的领导，中国式现代化才能前景光明、繁荣兴盛”。党的二十届三中全会《决定》提出进一步全面深化改革必须贯彻的“六个坚持”重大原则，其中排在首位的是“坚持党的全面领导，坚定维护党中央权威和集中统一领导，发挥党总揽全局、协调各方的领导核心作用，把党的领导贯穿改革各方面全过程，确保改革始终沿着正确政治方向前进”。认真学习贯彻全会精神，要坚持和加强党的全面领导和党中央集中统一领导，齐心协力抓好《决定》贯彻落实，把进一步全面深化改革的战略部署转化为推进中国式现代化的强大力量。

党的十八大以来，全面深化改革从夯基垒台、立柱架梁到全面推进、积厚成势，再到系统集成、协同高效，许多领域实现历史性变革、系统性重塑、整体性重构，根本原因正在于坚持和加强党中央集中统一领导。环顾世界，没有哪个国家和政党，能在这么短时间内推动这么大范围、这么大规模、这么大力度的改革。历史和实践表明，党的领导是进一步全面深化改革、推进中国式现代化的根本保证。

全面深化改革是一场改革组织方式的深刻变革，也是一场思想理论的深刻变革。创造性提出全面深化改革的价值取向，强调“我们抓改革、促发展，归根到底就是为了让人民过上更好的日子”；创造性提出全面深化改革的主攻方向和路线图，一大批力度大、要求高、举措实的改革任务付诸实施；创造性提出全面深化改革的科学方法和有效路径，形成改革开放以来最丰富、最全面、最系统的改革方法论……习近平总书记关于全面深化改革的一系列新思想、新观点、新论断，把党的改革理论和改革实践推向新的历史高度。进一步全面深化改革，必须坚持以习近平新时代中国特色社会主义思想为科学指引，切实把思想和行动统一到党中央决策部署上来。

改革发展稳定任务越繁重，越需要加强和改善党的领导。完善党中央重大决策部署落实机制，健全防治形式主义、官僚主义制度机制，健全不正之风和腐败问题同查同治机制，丰富防治新型腐败和隐性腐败的有效办法……在新时代全面从严治党取得历史性开创性成就的坚实基础上，《决定》专门拿出一个部分部署“提高党对进一步全面深化改革、推进中国式现代化的领导水平”，体现出把坚持党的全面领导作为进一步全面深化改革的政治引领和政治保障的深刻考量。广大党员、干部要提高政治站位、强化责任担当，以钉钉子精神把改革任务一项一项抓落地、抓到位、抓见效。

新起点，再起航。毫不动摇坚持党的领导，坚定不移进一步全面深化改革，我们一定能继续赢得更加伟大的胜利和荣光。

（本报评论部　《人民日报》2024 年 08 月 21 日第 05 版）

融入日常　化为习惯
建立健全纪律教育机制

习近平总书记指出："党的各级组织要积极探索纪律教育经常化、制度化的途径，多做提提领子、扯扯袖子的工作"。在全党开展党纪学习教育，是加强党的纪律建设、推动全面从严治党向纵深发展的重要举措。党的二十届三中全会《决定》提出："建立经常性和集中性相结合的纪律教育机制，深化运用监督执纪'四种形态'，综合发挥党的纪律教育约束、保障激励作用。"新征程上，我们要深学细悟习近平总书记关于全面加强党的纪律建设的重要论述，深入学习贯彻党的二十届三中全会《决定》关于纪律教育的重要部署，引导党员干部把增强党性、严守纪律、砥砺作风贯通起来，融入日常、化为习惯，综合发挥党的纪律教育约束、保障激励作用。

坚持党性党风党纪一起抓。党性、党风、党纪是有机整体，党性是根本，党风是表现，党纪是保障。要坚持党性党风党纪一起抓，把加强党性教育当作基础性工作来抓，弘扬忠诚老实、公道正派、实事求是、清正廉洁等价值观，着力消除"四风"问题产生的思想根源，锲而不舍落实中央八项规定精神，教育引导广大党员干部传承党的光荣传统和优良作风，把以权谋私、贪污腐败看成极大耻辱，时刻自重自省自警自励，不越纪律底线，不踩规矩红线，做遵规守纪的明白人。

坚持正面教育与反面警示相结合。要坚持正面教育，用党的理想信念宗旨、优良传统作风、高尚道德追求引领人、感染人、教育人，努力使守纪律成为党员干部浸在骨子里、融在血液中的自觉修养。要加强反面警示教育，运用违纪违法案例、警示教育片、忏悔录及警示教育基地等，开展以案说德、以案说纪、以案说法、以案说责，让心存敬畏、手握戒尺真正成为党员干部的日常自觉，切实做到公正用权、依法用权、为民用权、廉洁用权。

坚持全面教育与重点教育相结合。党的纪律是一个系统完备、配套衔接的纪律体系。加强纪律教育，就要坚持全面教育与重点教育相结合。党内法规是管党治党的重要依据，各级党组织要把学习党内法规作为一项制度，组织广大党员干部把党内法规全面学习好、理解好、执行好。要突出学习党章这个重点，把党章学习作为一项经常性工作来抓。要深刻认识到政治纪律是党的各项纪律中最重要、最根本、最关键的纪律，遵守党的政治纪律是遵守党的全部纪律的重要基础。要以严明政治纪律带动组织纪律、廉洁纪律、群众纪律、工作纪律、生活纪律全面从严。

坚持学纪守纪与执纪监督相结合。党纪教育与执纪监督要贯通起来，让铁纪“长牙”、发威，让广大党员干部重视、警醒、知止。要建立健全制度机制，着力解决一些党员干部对党规党纪不上心、不了解、不掌握等问题，督促广大党员干部自觉把学纪知纪明纪守纪内化于心、外化于行。狠抓执纪监督，做到有令必行、有禁必止，执纪必严、违纪必究。准确运用监督执纪“四种形态”，抓早抓小，防止“破窗效应”；充分发挥纪律惩戒作用，坚决查处违反纪律的行为，切实维护纪律的刚性、严肃性。

习近平总书记强调：“进一步加大宣传教育力度，把党规党纪作为理论学习、党校培训的必修课”。党校、干部学院作为培训党的领导干部的主渠道，要把党纪学习教育作为理论武装、党性教育和履职能力培训的必修课，推动党纪学习教育与干部教育培训有机融合。要充分发挥好党校、干部学院作为不正之风“净化器”、党性锻炼“大熔炉”、全面从严治党“风向标”的重要作用。深入开展理想信念、党的性质宗旨、革命传统、中华民族传统美德、党风廉政等教育，把党章党规党纪教育作为党性教育重要内容。从严治院治教治学，把学习培训过程转化为接受纪律教育、形成纪律自觉的过程，推动党员干部养成纪律规矩意识。深入研究纪律教育和培训内在规律，融通教育资源、改进教育方法，综合运用案例式、研讨式、情景式、体验式等方式方法，丰富载体和形式，着力提高纪律教育的系统性、针对性、实效性，推动党的纪律规矩入脑入心。

（张鹏 《人民日报》2024 年 08 月 13 日第 09 版）

把增强道德定力作为终身必修课

国无德不兴，人无德不立。习近平总书记强调："要增强政治定力、道德定力，构筑起不想腐的思想堤坝，清清白白做人、干干净净做事。"在全党开展党纪学习教育，要求党员干部"增强政治定力、纪律定力、道德定力、抵腐定力"。增强道德定力，是党员干部拧紧世界观、人生观、价值观"总开关"的内在要求，是党员干部的终身必修课。

对于党员干部来说，道德定力主要表现为自觉抵制不良思想侵蚀和不良风气诱惑，始终保持不放纵、不越轨、不逾矩的主观自觉和行动自律，始终保持共产党人的高尚道德追求。道德定力强，在私底下、无人时、细微处就能做到慎独慎微、心存敬畏，面对诱惑或身处困境时就能坚守道德底线、坚持道德标准、恪守道德准则。增强道德定力，关键在于明大德、守公德、严私德。明大德，就是要铸牢理想信念、锤炼坚强党性，在大是大非面前旗帜鲜明，在风浪考验面前无所畏惧，在各种诱惑面前立场坚定。守公德，就是要强化宗旨意识，全心全意为人民服务，恪守立党为公、执政为民理念，自觉践行人民对美好生活的向往就是我们的奋斗目标的承诺，做到心底无私天地宽。严私德，就是要严格约束自己的操守和行为。"出差一千里，好事做了一火车"的雷锋；"肝胆干事、干净做人"，忙碌到生命最后一刻的"樵夫"廖俊波；"捧着一颗心来，不带半根草去"的"草鞋书记"杨善洲……在许许多多优秀党员干部身上，我们都能深刻感受到道德定力的重要作用。

党员干部的道德修养，不会随着党龄工龄的增长而自然提高，也不会随着职务的升迁而自然提高。增强道德定力，离不开坚定的理想信念作支撑。理想信念是共产党人精神上的“钙”。没有信仰、没有理想，或者信仰、理想不坚定，精神上就会“缺钙”，就会得“软骨病”，道德定力就不可能强。坚定理想信念，光有朴素情感是不够的，必须用科学的理论武装头脑，把坚定的理想信念建立在对党的创新理论的深学细悟基础上，不断增进对习近平新时代中国特色社会主义思想的政治认同、思想认同、理论认同、情感认同，做到虔诚而执着、至信而深厚。

勇于开展自我批评，是增强道德定力的重要方法。党员干部要有“吾日三省吾身”的精神，对于自己身上因为道德定力不强而出现的各种倾向性、苗头性问题，要通过自我批评经常警示自己、不断反省自己、严格要求自己。为此，党员干部要时刻保持正视问题的自觉和刀刃向内的勇气，摒弃患得患失的顾虑，遵循实事求是的原则，经常检视自身，纠正思想上、道德上的偏差，做到讲党性不讲私情、讲真理不讲面子，不断校正思想和行动。

“道不可坐论，德不能空谈。”增强道德定力，不能只停留在口头上，还要通过实际行动来强化。“知之真切笃实处，即是行。行之明觉精察处，即是知。”党员干部要抓好知、情、意、行等各个环节，“知”要解决认知问题，“情”要解决情感问题，“意”要解决意志问题，“行”要解决行为问题，最终实现知行合一，在实践中彰显道德定力的重要作用。

为官一任，造福一方。用人民赋予的权力为民造福，这是党员干部道德定力在政绩观层面的具体体现。党员干部要深深扎根于人民群众之中，深入思考政绩为谁而树、树什么样的政绩、靠什么树政绩的问题，始终把人民放在心中最高位置，把为民造福作为最重要的政绩，多干群众急需的事，多干群众受益的事，多干打基础利长远的事，自觉做矢志为民造福的无私奉献者。

（陈朋 《人民日报》2024 年 08 月 07 日第 09 版）

深刻认识营造良好政治生态的重要意义
自觉做良好政治生态的有力促进者

政治生态是检验我们管党治党是否有力的重要标尺。习近平总书记在2024年春季学期中央党校（国家行政学院）中青年干部培训班开班之际作出重要指示，强调“要自觉做良好政治生态的有力促进者，发扬彻底的自我革命精神，节俭朴素、谦逊低调，坚决反对形式主义、官僚主义，坚决反对特权思想和特权行为，永葆共产党人清正廉洁的政治本色”。政治生态好，党内就会正气充盈，党员干部干事创业就会有良好环境。新征程上，党员干部要深刻认识营造良好政治生态的重要意义，更加自觉地做良好政治生态的有力促进者，永葆共产党人清正廉洁的政治本色，为以中国式现代化全面推进强国建设、民族复兴伟业提供坚强政治保证。

营造良好政治生态，对于坚持和加强党的全面领导具有重大意义。良好政治生态是一个政党生存和发展的必要条件，是其凝聚力和战斗力生成的重要基础。全面建设社会主义现代化国家、全面推进中华民族伟大复兴，关键在党。只有解决好政治生态这一党的建设中带有根本性的问题，才能推动全党上下始终旗帜鲜明讲政治、坚决做到“两个维护”，才能始终密切党同人民群众的血肉联系、不断巩固和加强党的执政地位，确保党始终成为中国特色社会主义事业的坚强领导核心。营造良好政治生态，对于以高质量发展全面推进中国式现代化具有重要意义。发展是党执政兴国的第一要务，高质量发展是新时代的硬道理。坚定不移推动高质量发展，需要激发广大党员干部干事创业的精气神，完整、准确、全面贯彻新发展理念，心无旁骛、勇立潮头，真抓实干、攻坚克难。同时，又需要以良好政治生态引领打造稳定公平透明、可预期的法治化营商环境，激发各类经营主体的创新活力和发展动力，引导人民群众把对美好生活的向往转化为推动高质量发展的实际行动，共同谱写中国式现代化的壮丽新篇章。

营造良好政治生态，是一项持久的工作。我们要把营造良好政治生态作为基础性、经常性工作，浚其源、涵其林，养正气、固根本，锲而不舍、久久为功，促进政治生态山清水秀。对于党员干部来说，自觉做良好政治生态的有力促进者，就要带头明大德、严公德、守私德。要明大德，自觉用习近平新时代中国特色社会主义思想凝心铸魂，不断坚定对马克思主义的信仰、对社会主义和共产主义的信念，做到对党和人民绝对忠诚，在严肃的党内政治生活中锤炼党性，不断增强对不良政治文化的免疫力和抵抗力，带头营造清清爽爽的同志关系、规规矩矩的上下级关系。要严公德，树立正确的政绩观，坚决反对形式主义、官僚主义，坚决反对特权思想和特权行为，在想群众之所想、急群众之所急、解群众之所难中践行党的根本宗旨。要守私德，做到严于律己、克己奉公，慎初慎微慎独慎欲，节俭朴素、谦逊低调，带头落实中央八项规定及其实施细则精神，把遵规守纪刻印在心，干干净净做事，清清白白做人，做廉洁自律、廉洁用权、廉洁齐家的模范。

（王思联 《人民日报》2024 年 07 月 10 日第 09 版）

严明党的政治纪律
坚决维护党中央权威和集中统一领导

——关于《中国共产党纪律处分条例》政治纪律修订的重点内容

政治纪律是各级党组织和全体党员在政治方向、政治立场、政治言论、政治行为方面必须遵守的规矩，是维护党的团结统一的根本保证，其本质要求是坚持党的全面领导和党中央集中统一领导，坚决做到“两个维护”。习近平总书记强调，政治纪律是最重要、最根本、最关键的纪律，遵守党的政治纪律是遵守党的全部纪律的重要基础，“必须执行政治纪律，带动各项纪律全面从严、一严到底”。新修订的《中国共产党纪律处分条例》（以下简称《条例》）第六章“对违反政治纪律行为的处分”，聚焦新时代新征程党的使命任务，进一步严明政治纪律和政治规矩，推动维护党的团结统一。

一是坚决维护党中央权威，保障党中央政令畅通。“两个维护”是党的最高政治原则和根本政治规矩，必须以严明纪律作保障。党的政治建设的首要任务，就是保证全党服从中央，坚持党中央权威和集中统一领导，在这一点上绝不能有丝毫含糊和动摇。《条例》第五十六条第二款，将贯彻党中央决策部署只表态不落实行为由原来的违反工作纪律调整到违反政治纪律；增写第三款，规定对不顾党和国家大局，搞部门或者地方保护主义行为的处分规定。《条例》作出上述修订，在于推动党员干部将维护党中央集中统一领导见诸行动、见诸实效，正确处理全局和局部、中央和地方的关系，自觉防止和反对个人主义、分散主义、自由主义、本位主义，在落实党中央决策部署上坚决做到言行一致、不折不扣。

二是推动完整、准确、全面贯彻新发展理念，促进高质量发展。习近平总书记指出，要树牢造福人民的政绩观；完整、准确、全面贯彻新发展理念，是经济社会发展的工作要求，也是十分重要的政治要求；高质量发展是全面建设社会主义现代化国家的首要任务，坚持高质量发展要成为领导干部政绩观的重要内容。《条例》新增第五十七条，充实党员领导干部政绩观错位，违背新发展理念、背离高质量发展要求的处分规定，将搞劳民伤财的“形象工程”、“政绩工程”行为由原来的违反群众纪律调整到违反政治纪律。实践中，一些党员领导干部在贯彻高质量发展要求上掉队、走偏，有的是能力不足或者工作作风问题，但也有些是因为政绩观错位造成的。对于政绩观错位，把干事和个人名利捆绑在一起，热衷于树个人形象、捞政治资本，好大喜功、急功近利、贪图虚名，在贯彻新发展理念、推动高质量发展中偏离政治要求，给党、国家和人民利益造成大的损失的，应当以违反政治纪律进行惩戒。党员领导干部要切实贯彻党中央要求，牢记为民造福是最大的政绩，把新发展理念、高质量发展的要求落到实处。

三是推动发展积极健康的党内政治文化，营造良好政治生态。习近平总书记强调，党内上下关系、人际关系、工作氛围都要突出团结和谐、纯洁健康、弘扬正气，不允许搞团团伙伙、帮帮派派，不允许搞利益集团、进行利益交换，指出“有的案件一查处就是一串人，拔出萝卜带出泥，其中一个重要原因就是形成了事实上的人身依附关系”。《关于新形势下党内政治生活的若干准则》明确规定，“对那些投机取巧、拉帮结派、搞团团伙伙的人，要严格防范，依纪依规处理”，强调“党内不准搞人身依附关系”。此次修订《条例》，在第五十四条有针对性地增写了对搞政治攀附行为的处分规定；新增第五十五条对搞投机钻营，结交政治骗子或者被政治骗子利用，以及充当政治骗子行为的处分规定。党员干部搞政治攀附，归根结底是为了谋求职务晋升，对“后台”“靠山”刻意贴靠、鞍前马后、任其差遣，把清清爽爽的同志关系异化为非正常的攀附、依附关系。党员干部结交政治骗子，本质在于投机钻营，为了提拔重用或者逃避纪法追究而热衷搞旁门左道，信奉所谓“潜规则”而找门子，从而被迷住了心窍，为政治骗子提供了条件。这些行为都是缺乏政治定力和政治自律的具体表现，严重污染政治生态，造成政治危害。《条例》对这些不讲党性、不讲原则、不讲规矩的行为进行坚决惩治，就是要加强党的政治建设，营造良好政治生态，切实维护党的团结统一。

四是规范政治言行，促进坚定理想信念。习近平总书记强调，对马克思主义的信仰，对社会主义和共产主义的信念，是共产党人的政治灵魂，是共产党人经受任何考验的精神支柱。《条例》针对执纪中发现的问题，在第五十二条增写对私自阅看、浏览、收听有严重政治问题资料，情节严重行为的处分规定；在第六十九条进一步完善对党员信仰宗教行为的处理处分规定，明确对信仰宗教的党员加强思想教育，要求其限期改正；在第七十条增写对党员个人搞迷信活动的处分规定。党员干部有这些行为，体现出其信仰迷茫、精神迷失，政治上的危害不容忽视。党员干部要将坚定理想信念、坚守共产党人精神追求作为安身立命的根本，永葆共产党人政治本色。

同党中央保持高度一致不仅是政治要求，而且是政治纪律。党员干部要严格执行和维护党的政治纪律，切实提高政治判断力、政治领悟力、政治执行力，自觉维护党中央权威和集中统一领导，自觉在思想上政治上行动上同以习近平同志为核心的党中央保持高度一致，以实际行动维护党的团结统一。

（中央纪委国家监委法规室　《人民日报》2024 年 06 月 17 日第 07 版）

修好共产党人“心学”重在知行合一

种树者必培其根，种德者必养其心。习近平总书记指出：“党性教育是共产党人修身养性的必修课，也是共产党人的‘心学’。”心有所信，方能行远。新征程上如何修好共产党人的“心学”，是每一名党员都要回答好的重大课题。坚持党性党风党纪一起抓，也要求我们在开展党纪学习教育的过程中注重修好共产党人的“心学”。修好共产党人的“心学”，要善于把马克思主义基本原理同中华优秀传统文化相结合，善于从中华优秀传统文化的智慧结晶和思想精华中获得启发。

说起注重修身养性的中华优秀传统文化，许多人会想到中国历史上的阳明心学。阳明心学讲究精神与物质合一、思维与存在合一、主体与客体合一，尤其重视“心悟”，体现了中国古人的精神追求和思想智慧。阳明心学有一个观点很宝贵，就是强调知行合一，认为知中有行、行中有知，知行是一回事，互为表里，不可分开。知之必然行之，不行不能算真知，反对知行脱节或知而不行。这里的“知”主要指人的道德意识,“行”主要指人的道德践履，既强调道德的自觉性，要求人在道德修养上下功夫，也重视道德的实践性，通过在事上的磨炼实现知与行的合一。这当中蕴含着对理论与实践辩证关系的认识，体现了马克思主义和中华优秀传统文化的高度契合性，对于今天修好共产党人的“心学”具有借鉴意义。

习近平总书记指出：“我常说要修炼共产党人的‘心学’，坚持学思用贯通、知信行统一，其中一个重要目的就是要求党员干部坚定理想信念、增强党性。”修好共产党人的“心学”，要汲取中华优秀传统文化智慧，尤其要注重知行合一，并且要深刻认识到“知”的内容、“行”的方式在新的时代条件下都有新的内涵和要求。共产党人所“知”，超越个人的道德意识，是要形成坚定的理想信念，坚守共产党人精神追求。坚定理想信念，始终是共产党人安身立命的根本。理想信念不坚定，甚至信仰迷茫、精神迷失，党性就会动摇甚至丧失。共产党人所“行”，超越个人的道德践履，是共产党人践行初心、担当使命的实际行动，要求党员在风浪面前敢于迎难而上，使理想信念、党性觉悟在斗争实践中经受考验、不断提升。

“欲事立，须是心立。”坚定理想信念，修好共产党人的“心学”，既不是一蹴而就的，也不是一劳永逸的，更不能停留在口头上。刀在石上砺，人在事上磨。不在具体的事上反复锤炼摔打，只在脑袋里搞思想修炼、境界提升，终究是靠不住的。日子一久、处境一变，不免“年与时驰，意与日去”，出现松劲懈怠，甚至半途而废、背离初衷。一些党员干部曾经理想信念坚定，但后来随着环境的变化、地位的升迁，在“小事”“小节”上逐渐放松对自己的要求，知行脱节、知而不行，最终丧失理想信念、背弃初心使命、滑向腐败深渊，教训极为深刻。知者行之始，行者知之成。不在知行合一上下苦功夫、硬功夫、久功夫，不坚持时刻在实践里悟真知、修其心、治其身，不论过去是怎样的“钢筋铁骨”，也不能确保今后党性修养的始终如一。

党性修养不会随着党龄增长而自然提高。每一名党员干部都须加强常修常炼共产党人“心学”的自觉性和行动力，把坚定理想信念作为终身课题，在担当作为中不断感悟理想信念的感召力，信一辈子、守一辈子、行一辈子，始终以知促行、以行促知，做到知行合一，建设好共产党人安身立命的精神家园，永葆共产党人的政治本色。

（张国祚　《人民日报》2024 年 05 月 29 日第 09 版）

政治纪律是最重要、最根本、最关键的纪律

中国共产党是靠革命理想和铁的纪律组织起来的马克思主义政党，纪律严明是党的光荣传统和独特优势。党面临的形势越复杂、肩负的任务越艰巨，就越要加强纪律建设，越要维护党的团结统一，确保全党统一意志、统一行动、步调一致前进。在全党开展党纪学习教育，是加强党的纪律建设、推动全面从严治党向纵深发展的重要举措。通过这次党纪学习教育，广大党员干部要切实搞清楚党的纪律规矩是什么，弄明白能干什么、不能干什么，进一步树立正确权力观，公正用权、依法用权、为民用权、廉洁用权。

习近平总书记指出："党的纪律是多方面的，但政治纪律是最重要、最根本、最关键的纪律，遵守党的政治纪律是遵守党的全部纪律的重要基础。"开展好党纪学习教育，让广大党员干部学纪、知纪、明纪、守纪，首要的就是严明政治纪律。政治纪律，概括地说，就是党的各级组织和全体党员在政治立场、政治方向、政治原则、政治道路上必须遵守的行为规则，是维护党的团结统一的根本保证。在政治纪律、组织纪律、廉洁纪律、群众纪律、工作纪律和生活纪律中，政治纪律是打头、管总的。要认识到，只有严格党的政治纪律，才能切实维护党的章程、原则、制度、部署的严肃性和权威性，不断增强党的创造力、凝聚力、战斗力，确保党政治统一、思想统一、行动统一。无论违反哪方面的纪律，最终都会破坏党的政治纪律、侵蚀党的执政基础。

旗帜鲜明讲政治是我们党作为马克思主义政党的根本要求。遵守党的政

治纪律，最核心的就是坚持党的领导，同党中央保持高度一致，就是要坚决维护习近平总书记党中央的核心、全党的核心地位，坚决维护党中央权威和集中统一领导。在党纪学习教育中推动广大党员干部强化严格遵守政治纪律的自觉，要深入学习贯彻习近平总书记关于党的纪律建设的重要论述，深刻领悟“两个确立”的决定性意义，坚决做到“两个维护”，切实把思想和行动统一到党中央决策部署上来，进而形成推进中国式现代化的强大动力和合力。

修订后的《中国共产党纪律处分条例》（以下简称《条例》）是这次党纪学习教育的学习重点，必须在深入学习贯彻上下功夫见成效。《条例》突出党的政治纪律在党的纪律建设中的地位，坚决落实党的二十大关于坚持加强党的全面领导和党中央集中统一领导的各项部署要求，特别是把坚决做到“两个维护”的要求贯穿始终。比如，《条例》完善对政绩观错位，违背新发展理念、背离高质量发展要求行为的处分规定，就是为了确保党中央政令畅通、令行禁止，确保全党团结统一、以严明的政治纪律带动各项纪律全面从严。又如，《条例》对广大党员干部违反纪律行为的处分规定进行细化、具体化，实现了对党员干部言行全链条全周期全覆盖的管理。这既释放出越往后执纪越严的强烈信号，也有助于发挥纪律建设标本兼治的作用。

政治问题，任何时候都是根本性的大问题。开展好这次党纪学习教育，需要时刻紧绷政治纪律这根弦，始终牢记政治纪律是最重要、最根本、最关键的纪律。强调政治纪律不是泛泛讲的，而是有现实针对性的。广大党员干部要深刻认识到，在政治纪律方面放松警惕、降低要求是极其危险的。新时代新征程，我们要严肃党内政治生活、严守党的政治纪律，用好纪律这把管党治党的“戒尺”，自觉用党规党纪校正思想和行动，做到心往一处想、劲往一处使，共同把党锻造成一块攻无不克、战无不胜的坚硬钢铁。

（庞加欣 《人民日报》2024 年 04 月 30 日第 09 版）

自觉做对党忠诚老实的模范践行者

对党忠诚老实，是党章规定的共产党员应当履行的义务，是中国共产党人首要的政治品质。习近平总书记在2024年春季学期中央党校（国家行政学院）中青年干部培训班开班之际作出重要指示强调："要自觉做对党忠诚老实的模范践行者"。年轻干部只有不断砥砺对党的赤诚忠心，才能做到无论遇到何种诱惑、何种困难，都不迷失方向、不丧失信念，坚定不移听党话、跟党走，始终不改其心、不移其志、不毁其节。

要求党员对党忠诚老实，从根本上说是由我们党的性质决定的，是由我们党的先进性和纯洁性决定的。党的先进性使党员自觉忠诚于党、时刻追随着党；党的纯洁性要求党员必须在思想上是坚定的、在信仰上是纯粹的，在行动上体现出来就是忠诚老实。我们党一路走来，经历了无数艰险和磨难，但任何困难都没有压垮我们，任何敌人都没能打倒我们，靠的就是千千万万党员的忠诚。中国共产党早期领导人蔡和森立下"匡复有吾在，与人撑巨艰。忠诚印寸心，浩然充两间"的誓言，与敌人顽强斗争到生命的最后一刻。解放战争时期，被关押在重庆渣滓洞、白公馆的中国共产党人经受种种酷刑折磨，宁死不屈，用鲜血诠释了"永远朝着东方，永远朝着党"的忠诚。人们常常以"特殊材料制成的人"来赞誉优秀共产党员，这种"特殊材料"正是用忠诚和信仰淬炼而成的。

年轻干部是党和国家事业发展的生力军，是中国特色社会主义事业的接班人，能不能始终做到对党忠诚老实，影响着党和国家事业的长远发展。衡量是否对党忠诚老实，在革命战争年代主要看能不能为党和人民的事业冲锋陷阵、舍生忘死，在和平年代也有明确的检验标准，首先就是要政治能力过硬。习近平总书记强调："在干部干好工作所需的各种能力中，政治能力是第一位的。"政治根基打得牢不牢，直接影响年轻干部的成长成才。年轻干部要始终保持高度的政治敏锐性，着力提高政治判断力、政治领悟力、政治执行力，始终坚持党的领导，自觉在思想上政治上行动上同以习近平同志为核心的党中央保持高度一致，坚决贯彻执行党的理论和路线方针政策，不折不扣落实党中央决策部署，做政治上的明白人、老实人。

党的纪律和规矩是检验党员干部是否忠诚老实的"试金石"。做对党忠诚老实的模范践行者，年轻干部要以身作则守纪律、讲规矩，党叫干什么就坚决干，党不允许干什么就坚决不干，始终知敬畏、存戒惧、守底线，特别是要慎独慎微。党的十八大以来，我们党坚持制度治党、依规治党，全方位、立体式推进党内法规体系建设，进一步明确了全体党员的行为规范。对这些硬杠杠、铁规矩，年轻干部要切实增强执行的坚定性和自觉性，把对党忠诚老实转化为知行知止、令行禁止的优良作风。

忠诚老实要体现在实际行动上。新征程上，如何更好推动高质量发展，为经济社会发展增动力、添活力；如何更好解决民生领域的痛点难点问题，不断满足人民群众对美好生活的向往；如何有效防范化解风险，确保经济社会平稳运行……一道道考题摆在面前，如果在工作上不愿担当、拈轻怕重，遇到难题就退缩，就难以说做到了对党忠诚老实。年轻干部要顺应中国式现代化事业发展新要求，把崇尚实干、埋头苦干作为对党忠诚老实的一份承诺，作为爱党、忧党、兴党、护党的一种责任，树立和践行正确政绩观，以"俯首甘为孺子牛"的执着奉献真抓实干，当好中国式现代化建设的坚定行动派、实干家，以实际行动诠释对党忠诚老实。

（程晓宇　《人民日报》2024 年 04 月 18 日第 09 版）

坚持自我监督和人民监督相结合

监督是治理的内在要素，在管党治党、治国理政中居于重要地位、发挥着重要作用。在二十届中央纪委三次全会上，习近平总书记明确提出深入推进党的自我革命“九个以”的实践要求，其中一个重要方面是“以自我监督和人民监督相结合为强大动力”。坚持自我监督和人民监督相结合，为传导监督压力、聚集监督动力、形成监督合力、增强监督震慑力，确保党员干部秉公用权、依法用权、廉洁用权、为民用权提供了重要保障。

加强监督是坚持全面从严治党、推进党的自我革命的重要路径。对我们党来说，外部监督是必要的，同时还要强化自我监督。党的执政地位决定了党内监督在党和国家各种监督形式中是最基本的、第一位的，党内监督有力有效，其他监督才能发挥作用。一百多年来，我们党外靠发展人民民主、接受人民监督，内靠全面从严治党、推进自我革命，勇于坚持真理、修正错误，勇于刀刃向内、刮骨疗毒，保证了党长盛不衰、不断发展壮大。

自我监督和人民监督是内在统一的，都是为了把我们党建设好建设强，确保党永远不变质、不变色、不变味，确保党始终成为坚强领导核心。自我监督和人民监督都是聚焦人民群众反映强烈的党风政风、腐败等突出问题进行监督，都是在宪法和法律、规章制度下进行，通过党和国家监督制度强化对权力运行的制约监督。自我监督和人民监督是相辅相成、相互促进的。中国共产党自诞生之日起，就始终代表最广大人民根本利益，坚持为人民执政、靠人民执政。我们党没有任何自己特殊的利益，因而能够本着彻底的自我革命精神检视自身，坚决同一切损害党的先进性和纯洁性的因素作斗争。同时，人民监督能够帮助我们党全方位、无死角地认识自身问题。强化人民监督，更好坚持人民主体地位、走好党的群众路线，人民群众就会更加信赖我们党、支持我们党，真心实意帮助我们改正缺点、纠正偏差。将自我监督和人民监督紧密结合起来，有利于在系统施治中织密监督网络，形成监督合力，共同推进党的自我革命向纵深发展。

新时代以来，我们党从推进自我革命的高度来看待监督问题，通过加强监督不断祛杂质、强免疫、壮筋骨，始终保持党的先进性和纯洁性。以习近平同志为核心的党中央以彻底的自我革命精神，坚定不移推进全面从严治党，把制约和监督权力作为保持党的肌体健康的重要保障，以党内监督带动促进其他监督。从将所有行使公权力的公职人员纳入国家监察范围到逐步形成“四个全覆盖”格局，从大力推动“有形覆盖”到走向“有效覆盖”，我们构建起党统一领导、全面覆盖、权威高效的监督体系。

阳光是最好的防腐剂，监督是预防腐败的利器。新征程上，以自我监督和人民监督相结合为强大动力，深入推进党的自我革命，要深化党和国家监督体制改革。把党内监督同国家机关监督、民主监督、司法监督、群众监督、舆论监督贯通起来，增强监督的严肃性、协同性、有效性，实现自律和他律良性互动、相得益彰，最大程度发挥监督的整体效能，使监督覆盖到权力运行的各环节和各方面。着眼强化责任、规范用权、激励担当，不断完善党的自我监督和人民监督有机结合的制度，健全权力运行制约和监督方面的实体性制度和程序性规定，畅通人民群众建言献策和批评监督渠道，形成有权必有责、有责要担当、用权受监督、失责必追究的激励约束机制，确保党和人民赋予的权力始终用来为事业谋发展、为人民谋幸福。

（唐小芹　《人民日报》2024 年 04 月 10 日第 09 版）

不断提高见微知著、明察秋毫的能力
始终保持高度的政治敏锐性

政治敏锐性是政治站位、政治洞察的综合体现，是提高领导干部政治判断力、政治领悟力、政治执行力的重要前提。在中央政治局学习贯彻习近平新时代中国特色社会主义思想主题教育专题民主生活会上，习近平总书记围绕政治敏锐性作出深刻阐述，提出“必须始终保持高度的政治敏锐性，做到居安思危、未雨绸缪”的重要要求。新征程上，面对错综复杂的国际国内形势，我们要始终保持高度的政治敏锐性，努力把握战略全局、掌握战略主动、增强各项工作的预见性和前瞻性，不断提高见微知著、明察秋毫的能力，不断增强准确识别时与势、危与机、利与弊的本领。

掌握马克思主义这个“望远镜和显微镜”。掌握马克思主义理论的深度，决定着政治敏感的程度、思维视野的广度、思想境界的高度。毛泽东同志指出：“我们的眼力不够，应该借助于望远镜和显微镜。马克思主义的方法就是政治上军事上的望远镜和显微镜。”习近平新时代中国特色社会主义思想是当代中国马克思主义、二十一世纪马克思主义，开辟了马克思主义中国化时代化新境界。真正把马克思主义看家本领学到手，就要学深悟透习近平新时代中国特色社会主义思想的科学体系、核心要义、实践要求，把握好这一重要思想的世界观和方法论，坚持好、运用好贯穿其中的立场观点方法，以理论上的清醒确保政治上的坚定，真正练就一双“政治慧眼”。

坚持以党的政治建设为统领，时时处处从政治上想问题、作决策、办事情。政治上的先进性，是马克思主义政党区别于其他政党的一个显著特征。

旗帜鲜明讲政治是我们党作为马克思主义政党的根本要求。始终保持高度的政治敏锐性，要求我们从政治上分析问题进而看清本质，从政治上解决问题进而抓住根本。面对复杂多变的国内外形势，面对艰巨繁重的改革发展稳定任务，广大党员干部要善于从政治上分析形势的发展变化和趋势，透过现象看本质。我们要坚持以党的政治建设为统领，提高政治站位，深刻领悟“两个确立”的决定性意义，增强“四个意识”、坚定“四个自信”、做到“两个维护”。在谋划重大战略、制定重大政策、部署重大任务时，要把准政治方向、落实政治要求，自觉同党的基本理论、基本路线、基本方略对标对表，同党中央决策部署对标对表，及时校准偏差，做到党中央提倡的坚决响应，党中央决定的坚决照办，党中央禁止的坚决杜绝，在事关中国特色社会主义前途命运的大是大非问题上，必须立场坚定、旗帜鲜明，不能有丝毫含糊，这样才能确保各项事业始终沿着正确政治方向前进。

坚持底线思维、增强忧患意识，有效防范和化解前进道路上各种风险挑战。习近平总书记指出：“处理解决矛盾和问题时，要注重防范和化解政治风险，眼睛亮、见事早、行动快，及时消除各种政治隐患，高度重视并及时阻断不同领域风险的转化通道，防止非政治性风险转化为政治风险。”始终保持高度的政治敏锐性需要具备强烈的忧患意识、风险意识，尤其要注重防范和化解政治风险。新征程上，锤炼见微知著、明察秋毫的高度政治敏锐性，就要坚持底线思维、增强忧患意识，对容易诱发政治问题特别是重大突发事件的敏感因素、苗头性倾向性问题，对意识形态领域各种错误思潮、模糊认识、不良现象保持高度警惕，做到眼睛亮、见事早、行动快。要切实提高把握方向、把握大势、把握全局的能力和辨别政治是非、保持政治定力、驾驭政治局面、防范政治风险的能力，自觉在党和国家工作大局下想问题、做工作。

（张廷广　《人民日报》2024 年 04 月 02 日第 09 版）

加强党的政治建设
推动全面从严治党向纵深发展

核心阅读

党的十八大以来，以习近平同志为核心的党中央明确了政治建设在新时代党的建设中的战略定位，抓住了全面从严治党的根本性问题。新征程上，要坚持以党的政治建设为统领，推动全面从严治党向纵深发展。

习近平总书记在二十届中央纪委三次全会上发表的重要讲话，为新时代新征程深入推进全面从严治党、党风廉政建设和反腐败斗争提供了根本遵循。习近平总书记指出："要持之以恒净化政治生态""严明政治纪律和政治规矩，严肃党内政治生活""促进政治生态山清水秀"。营造风清气正的政治生态是加强党的政治建设的基础性、经常性工作，需要浚其源、涵其林，养正气、固根本，锲而不舍、久久为功。新征程上，深入学习贯彻习近平总书记关于党的自我革命的重要思想，坚定拥护"两个确立"、坚决做到"两个维护"，要坚持党的政治建设的根本性地位，以党的政治建设为统领，推动全面从严治党向纵深发展。

坚持以党的政治建设为统领，抓住了全面从严治党的根本性问题

办好中国的事情，关键在党，关键在坚持党要管党、全面从严治党。党的十八大以来，以习近平同志为核心的党中央把全面从严治党作为新时代党的建设的鲜明主题，明确了政治建设在新时代党的建设中的战略定位，抓住了全面从严治党的根本性问题。

旗帜鲜明讲政治是我们党作为马克思主义政党的根本要求。习近平总书记指出："马克思主义政党具有崇高政治理想、高尚政治追求、纯洁政治品质、严明政治纪律。如果马克思主义政党政治上的先进性丧失了，党的先进性和纯洁性就无从谈起。这就是我们把党的政治建设作为党的根本性建设的道理所在。"政治上的先进性，是马克思主义政党区别于其他政党的一个显著特征。加强党的政治建设，目的就是坚定政治信仰，强化政治领导，提高政治能力，净化政治生态，实现全党团结统一、行动一致。

政治上的主动是最有利的主动，政治上的被动是最危险的被动。习近平总书记强调："全面从严治党首先要从政治上看""政治问题要从政治上来解决"。不从政治上认识问题、解决问题，就会陷入头痛医头、脚痛医脚的被动局面，就无法从根本上解决问题。党的十八大以来，在全面从严治党实践中，我们深刻认识到，管党治党"宽松软"等问题，从根子上看就是政治上"宽松软"导致的，是一些党员领导干部在政治上犯糊涂，一些党组织对政治建设没有抓紧、没有抓实导致的。

加强党的政治建设是解决党内各种问题的治本之策。我们要把党的政治建设摆在首位，坚持以党的政治建设为统领，突出"两个维护"深化政治监督，从根本上解决党内存在的思想不纯、政治不纯、组织不纯、作风不纯等问题。要把严明党的政治纪律和政治规矩摆在突出位置，聚焦政治忠诚、政治安全、政治责任、政治立场、党内政治生活等，坚决纠正政治偏差，及时

消除政治隐患，使我们党始终具有崇高政治理想、高尚政治追求、纯洁政治品质、严明政治纪律，永葆党的先进性和纯洁性。

加强党的政治建设有力推动全面从严治党向纵深发展

党的十八大以来，以习近平同志为核心的党中央，以党的政治建设统领党的建设各项工作，坚持和加强党的全面领导，严明政治纪律和政治规矩，持之以恒正风肃纪，开展史无前例的反腐败斗争，刹住了一些长期没有刹住的歪风，纠治了一些多年未除的顽瘴痼疾，消除了党、国家、军队内部存在的严重隐患，从根本上扭转了管党治党宽松软状况。经过艰苦努力，我们党成功开辟百年大党自我革命新境界，党在革命性锻造中更加坚强有力，在坚持和发展中国特色社会主义的历史进程中始终成为坚强领导核心。

保证全党服从中央，坚持党中央权威和集中统一领导。党的领导是中国特色社会主义最本质的特征，是中国特色社会主义制度的最大优势，坚持党的全面领导是坚持和发展中国特色社会主义的必由之路。通过加强党的政治建设，推动全党自觉在思想上政治上行动上同以习近平同志为核心的党中央保持高度一致，深刻领悟“两个确立”的决定性意义，增强“四个意识”、坚定“四个自信”、做到“两个维护”，确保党发挥总揽全局、协调各方的领导核心作用，实现全党团结统一、行动一致。

坚持不懈用习近平新时代中国特色社会主义思想凝心铸魂。全面从严治党，必须补足共产党人精神上的“钙”，铸牢思想之魂。我们发挥党的政治建设对党的思想建设的政治指南针作用，教育引导党员干部深入学习马克思主义基本理论，深刻把握习近平新时代中国特色社会主义思想的世界观和方法论，自觉运用贯穿其中的立场观点方法，将科学理论转化为坚定理想、锤炼党性和指导实践、推动工作的强大力量。教育引导党员干部筑牢忠诚干净担当的思想根基，坚守共产党人精神追求，自觉做共产主义远大理想和中国特色社会主义共同理想的坚定信仰者和忠实实践者。

完善党的自我革命制度规范体系。从严治党要靠思想教育，更要靠制度保障。我们党以党章为根本，以民主集中制为核心，不断完善党内法规制度体系，增强党内法规权威性和执行力，形成坚持真理、修正错误，发现问题、纠正偏差的机制。健全党统一领导、全面覆盖、权威高效的监督体系，完善权力监督制约机制，以党内监督为主导，促进各类监督贯通协调、形成合力，让权力在阳光下运行。着力推进政治监督具体化、精准化、常态化，坚决清除党员、干部队伍中的害群之马，从严从实加强对党员干部的管理监督，推动全面从严治党向纵深发展。

坚持以严的基调强化正风肃纪。作风问题本质上是党性问题，必须坚持党性党风党纪一起抓，推进作风建设常态化长效化。我们党全面加强党的纪律建设，使纪律真正成为带电的高压线，把坚决做到“两个维护”作为首要政治纪律。紧扣民心这个最大的政治，坚持党的群众路线，永葆共产党人的政治本色。弘扬党的光荣传统和优良作风，持续深化纠治“四风”，着力整治形式主义、官僚主义突出问题。

坚决打赢反腐败斗争攻坚战持久战。腐败是危害党的生命力和战斗力的最大毒瘤，反腐败是最彻底的自我革命，是一场输不起也决不能输的重大政治斗争。我们加强党对反腐败斗争的集中统一领导，持续保持惩治腐败高压态势，坚持一体推进不敢腐、不能腐、不想腐，深化标本兼治、系统施治，不断拓展反腐败斗争深度广度，对症下药、精准施治、多措并举，让反复发作的老问题逐渐减少，让新出现的问题难以蔓延，推动防范和治理腐败问题常态化、长效化。

为全面推进强国建设、民族复兴伟业提供坚强保障

新征程上，我们要坚定拥护“两个确立”、坚决做到“两个维护”，坚持

以党的政治建设为统领，纵深推进全面从严治党、党的自我革命，为以中国式现代化全面推进强国建设、民族复兴伟业提供坚强保障。

坚持和加强党的全面领导。习近平总书记指出："坚持和加强党的全面领导，关系党和国家前途命运，我们的全部事业都建立在这个基础之上，都根植于这个最本质特征和最大优势。"要健全坚持和加强党的全面领导的组织体系、制度体系、工作机制，把党的全面领导落实到改革发展稳定、内政外交国防、治党治国治军等各领域各方面各环节，切实把党的全面领导的制度优势转化为治理效能，推动全党为全面推进强国建设、民族复兴伟业而团结奋斗。

把准政治方向。习近平总书记指出："政治方向是党生存发展第一位的问题，事关党的前途命运和事业兴衰成败。"加强党的政治建设，就要引导全党把智慧和力量凝聚到新时代坚持和发展中国特色社会主义伟大事业上来，凝聚到推进中国式现代化这个最大的政治上来，推动全党把坚持正确政治方向贯彻到谋划重大战略、制定重大政策、部署重大任务、推进重大工作的实践中去，经常对标对表，及时校准偏差，确保党和国家各项事业始终沿着正确政治方向前进。

坚定政治立场。政治立场事关党的政治建设根本。我们党始终坚定马克思主义立场，坚决站稳党性立场和人民立场。我们要把对党负责和对人民负责高度统一起来，坚持以党的旗帜为旗帜、以党的方向为方向、以党的意志为意志，始终做到在党言党、在党忧党、在党为党，任何时候都与党同心同德。要始终把人民放在心中最高位置，坚持以人民为中心的发展思想，把实现人民对美好生活的向往作为现代化建设的出发点和落脚点，始终保持同人民群众的血肉联系，始终接受人民批评和监督，始终同人民同呼吸、共命运、心连心。

提高政治能力。习近平总书记指出："在干部干好工作所需的各种能力中，政治能力是第一位的。”提高政治能力，就是要善于从政治上分析问题、解决问题。只有从政治上分析问题才能看清本质，只有从政治上解决问题才能抓住根本。要始终做政治上的明白人、老实人，始终保持高度的政治敏锐性，不断增强政治判断力、政治领悟力、政治执行力，把对党忠诚、为党分忧、为党尽职、为民造福作为根本政治担当，以奋发有为的精神状态和“时时放心不下”的责任担当，践行共产党人的初心和使命，在强国建设、民族复兴的奋斗征程上建功立业。

（张忠军　《人民日报》2024月02月22日第09版）

深入开展党史学习教育工作的基本遵循

2024年2月5日，中共中央印发《党史学习教育工作条例》(以下简称《条例》)。《条例》全面贯彻习近平新时代中国特色社会主义思想，对党史学习教育的领导体制和工作职责、内容、主要形式、保障和监督等作出全面规范，是开展党史学习教育工作的基本遵循。《条例》的制定和实施，对于推动党史学习教育常态化长效化，推动全党全社会学好党史、用好党史，从党的历史中汲取智慧和力量，做到学史明理、学史增信、学史崇德、学史力行，具有重要意义。

党的历史是最生动、最有说服力的教科书。我们党历来重视党史学习教育，注重用党的奋斗历程和伟大成就鼓舞斗志、指引方向，用党的光荣传统和优良作风坚定信念、凝聚力量，用党的历史经验和实践创造启迪智慧、砥砺品格。党的十八大以来，以习近平同志为核心的党中央高度重视学习党的历史，特别是立足百年党史新起点、着眼开创事业发展新局面，在全党开展党史学习教育，广大党员、干部受到一次全面深刻的政治教育、思想淬炼、精神洗礼，全党历史自觉、历史自信大大增强，党的创造力、凝聚力、战斗力大大提升。《条例》的制定，充分体现了党中央关于党史学习教育工作的新精神新要求，总结吸收了党史学习教育的新经验新成果，为做好党史学习教育工作提供了有力制度保证。

做好党史学习教育工作，要全面贯彻习近平新时代中国特色社会主义思想，深刻领悟“两个确立”的决定性意义，增强“四个意识”、坚定“四个自信”、做到“两个维护”，把坚持和加强党的全面领导贯穿工作全过程各方面。

坚持党史学习教育覆盖全党与面向社会相贯通。坚持理论武装同常态化长效化开展党史学习教育相结合，深入学习贯彻习近平新时代中国特色社会主义思想，学习党史基本内容和宝贵历史经验，弘扬伟大建党精神，树立正确党史观。健全完善制度机制，创新工作方式方法，发挥好党员自学和组织学习的作用，充实各级党校（行政学院）、干部学院、社会主义学院党史课程，用好学校思政课渠道、红色资源、媒体宣传和基层宣传宣讲等形式，加强科研、学科、人才、纪律、经费等保障建设，切实增强党史学习教育的系统性、针对性、有效性。严格落实意识形态工作责任制，坚决反对历史虚无主义等错误思潮和观点。坚决反对形式主义、官僚主义，防止“低级红”、“高级黑”。

“制度是用来遵守和执行的。”各级党委（党组）要认真抓好《条例》的学习宣传和贯彻落实，切实履行党史学习教育工作主体责任，加强对党史学习教育工作开展情况的监督检查，确保《条例》各项规定落到实处、见到实效。基层党组织要承担好直接责任，通过“三会一课”、主题党日等形式，把党史学习教育融入日常、抓在经常。领导干部要学在前、作表率，带着对党的深厚感情学党史、对事业的强烈责任用党史，形成一级带一级、全党一起学的良好局面。

以史为鉴，才能开创未来。学习党史是坚持和发展中国特色社会主义、把党和国家事业继续推向前进的必修课，这门功课不仅必修，而且必须修好。让我们更加紧密团结在以习近平同志为核心的党中央周围，坚持以习近平新时代中国特色社会主义思想为指导，全面贯彻党的二十大和二十届二中全会精神，深入学习贯彻习近平文化思想，以《条例》施行为契机，更好用党的百年奋斗重大成就和历史经验增长智慧、增进团结、增加信心、增强斗志，更加坚定自觉地牢记党的初心使命、开创发展新局，在新的赶考之路上考出好成绩。

（本报评论员　《人民日报》2024 年 02 月 20 日第 01 版）

唯有忠诚真本色

面对低温雨雪冰冻灾害，党员、干部下沉一线，将防寒物品送到困难群众手中，确保大家安全温暖过冬。积石山6.2级地震发生后，党员、干部坚守抗震救灾一线，顶得上、豁得出，与群众共渡难关。关键时刻显担当，危难之际见忠诚。对党忠诚，是共产党人首要的政治品质，这种品质体现在一言一行，流露在一举一动，让群众一眼就能认出。

天下至德，莫大于忠。习近平总书记强调，“忠诚干净担当”“始终忠诚于党、忠诚于人民、忠诚于马克思主义”“铸牢对党忠诚”。新时代新征程，用忠诚诠释初心，以行动践行使命，是每一名党员、干部应有的政治自觉。

把对党忠诚刻在灵魂深处，才能志坚如磐。信仰、信念、信心，任何时候都至关重要。历经九死一生的红军将士，以革命理想高于天的赤胆忠心和坚定信仰，走过二万五千里的漫漫征途；奋力改革创新的拓荒者，用“杀出一条血路来”的无畏，刻印对中国特色社会主义的信念；新时代“最美奋斗者”“时代楷模”等先锋模范，在各自的赛道上追梦逐梦，激扬“强国有我”的信心。凭着无比坚定的信仰信念信心，一代代共产党人矢志不渝、笃行不怠。我们党一路走来，经历了无数艰险和磨难，但任何困难都没有压垮我们，任何敌人都没能打倒我们，靠的就是千千万万党员的忠诚。

对党忠诚是政治上的“定海神针”，自觉淬炼忠诚，做到心境澄明，心力茁壮，才不会在各种考验面前败下阵来。生死面前、困难之际，最考验忠诚。李大钊凛然走向绞刑架，激昂高呼“共产主义在世界、在中国，必然要得到光荣的胜利”；焦裕禄带领干部群众治理“三害”，笃信“革命者要在困难面前逞英雄”；王进喜心甘情愿为党、为人民当一辈子老黄牛，誓言“宁肯少活20年，拼命也要拿下大油田”……敢于直面血与火、生与死的斗争淬炼，才能锻造出唯一的、彻底的、无条件的、不掺任何杂质的、没有任何水分的绝对忠诚。

胸中有丘壑，凿石堆山河。对党忠诚是具体的、实践的，与为党分忧、为党尽责、为党奉献是不可分的。应乐于担大义，始终把党和人民的利益放在第一位，胸怀“国之大者”，埋头苦干实干；保持共产党人的高风亮节，淡泊名利，勤勉奉献；慎用手中权力，“捧着一颗心来，不带半根草去”。应勇于克险关，明知山有虎、偏向虎山行，敢于接烫手山芋、钻矛盾窝。应善于挑重担，善作善成，像谷文昌那样拿出“不制服风沙，就让风沙把我埋掉”的气魄，将灾害肆虐的荒岛变成粮果丰收的宝岛；像李保国那样使出“你的幸福我包了”的硬功，让群众过上富裕生活；像黄大年那样立下“振兴中华，乃吾辈之责”的壮志，为“巡天探地潜海”领域填补多项技术空白。

唯有忠诚真本色。推进中国式现代化是一项前无古人的开创性事业，艰巨性和复杂性前所未有。眺望前方的奋进路，坚定不移听党话、跟党走，在思想上固根守魂，在实践中奋发有为，咬定青山不放松、千磨万击还坚劲，我们就一定能创造出不负时代、不负人民的新业绩。

（马祖云　《人民日报》2024年01月16日第04版）

第二篇

求真务实，做挺膺担当的奋斗者

坚持长期主义，做困难而正确的事

耗时5年制作，超4000人参与，特效镜头接近2000个；片中令人印象深刻的“岩浆流体”场景，需模拟8层不同材质、不同速度的流体效果，团队打磨六七十遍才通过。导演饺子直言，“一定要认真对待观众，观众的眼睛是雪亮的，会一眼看穿你。”

很多人喜爱《哪吒之魔童闹海》，不仅因为它好看，更在于它再次证明了“认真做事”的意义，彰显了坚持长期主义的价值。

文化产业讲究慢工出细活，这些年的现象级文化产品，反复证明了这一点。

《黑神话：悟空》开发周期超过6年。为了让玩家体验到高水准的画面，制作团队在美术上投入大量心血和资源。游戏场景中的壁画、雕像，有些即便放大10倍，上面细微的纹理和装饰仍清晰可见。

《流浪地球2》中涉及的实体特效道具，从最初设计，到打样、修改、最终成品，经过了长时间精细打磨，既具有功能性、显得逼真，又兼顾美观，适合在大银幕上呈现。

成功哪有什么轻而易举，不过是下了最笨的功夫、走了非走不可的远路，一路撑下去，才迎来了喷薄日出。

执着、专注、坚韧，不偷懒、不耍滑、不抄近路，踏踏实实付出，这是文化创造、科技创新等都必须坚守的不二法门。

我们引以为傲的纯电动新能源汽车，也是奉行长期主义结出的硕果。

起步之初，质疑声不少："混动路线都没普及，纯电路线怎么可能走得通？"但因为认定了汽车智能化、绿色化大方向，政策坚定支持，企业坚定投入，一点点积累技术优势，深挖消费者需求，才挺过了最艰难的时期，迎来了国产新能源汽车的高光时刻。

站在今天回望，许多领域的惊艳绽放，都源自几十年如一日的坚守，源自看准了就坚定不移干的执着。从国产动画电影到新能源汽车，看似离得很远，成功背后的逻辑却如出一辙。

奉行长期主义不易，新时代中国为我们既仰望星空又脚踏实地、扎扎实实推动各项事业发展提供了更坚实的支撑。

广阔市场鼓励"同台竞技"，让三元锂电池、磷酸铁锂电池等不同技术路线能够在市场竞争中相互促进、共同发展；

耐心资本支持"慢工细活"，为人工智能、半导体等研发周期长、投入大的产业领域注入信心和力量；

评价体系包容"十年不鸣"，不断完善的科研长周期评价机制，让从事基础研究的科研人员心无旁骛投入工作……

市场空间在打开，政策效应在释放，产业土壤在积厚，创新氛围在变浓……今日中国，是长期主义者的乐土，是不断见证奇迹的舞台。

当你深耕一个领域、播下一颗种子，它就有机会挨过漫漫寒冬，在来年春天或更远的春天破土而出。

当然，强调坚持长期主义，不是说守着时间坐等，更不能把"长期才有效果"作为挡箭牌，不顾当下、不论对错，蒙着眼睛蛮干。

比如，有的地方未经科学论证，盲目上马投资规模巨大的文旅项目，说是有利于长远发展，实则急功近利，制造了一些劳民伤财的政绩工程、形象工程。

有些地方看到新能源产业赚钱，不顾本地实际"一哄而上"，以为是在给长期发展打基础，实则难以为继，落得"一地鸡毛"。

透过这些教训更能理解，真正的长期主义，建立在对发展趋势和自身定位的清晰认识之上，是因为正确才值得我们长期坚守、坚定投入。因地制宜谋发展，一步一个脚印向前行，统筹好眼前与长远，做困难而正确的事，才能积跬步以至千里。

2025 年是“十四五”规划收官之年，同时也要为“十五五”良好开局打牢基础。放在历史长河中看，投身强国建设、民族复兴伟业的我们，何尝不是在一个又一个五年规划中践行长期主义的奋斗者、追梦人。锚定目标，携手拼搏，我们的明天何其美好，国家和民族的未来何其灿烂。

（彭飞　《人民日报》2025 年 02 月 26 日第 05 版）

抓好党的创新理论转化落实

党的创新理论是我们党的宝贵精神财富。理论来源于实践并指导实践，用党的创新理论指导实践的过程也是坚持对党负责、对人民负责、对历史负责的过程，三者是高度统一、完全一致的。抓好党的创新理论特别是习近平新时代中国特色社会主义思想的转化落实，入心见行，是实现这个统一的过程，也只有在这种高度统一中，党的创新理论指导下的人民实践才会彰显出最强大的生命力。

把精神吃透，不能囫囵吞枣、简单机械照搬。习近平总书记强调："检验理论学习成效，要看党的创新理论是否入心见行、党员干部是否做到善思善用"。当前，理论学习在全党蔚然成风，但囫囵吞枣、照本宣科、简单机械照搬等问题依然存在，这也是理论武装的现实痛点。理论问题语焉不详，会在实践上造成模糊和跑偏。深入学习贯彻习近平新时代中国特色社会主义思想，必须在学懂弄通做实上下功夫，切实做到学、思、用贯通，知、信、行统一，知其言更知其义、知其然更知其所以然。只有真正把理论问题搞清楚了，才能从根本上杜绝实践中的"一刀切"。在理论武装过程中，要抓好深化内化转化，不能简单把"学过了"当作"学懂了"、把"学完了"当作"弄通了"。老区苏区、欠发达地区要在实现共同富裕的进程中不掉队，必须善于从党的创新理论中汲取力量，始终牢记高质量发展是新时代的硬道理，着眼大局大势，立足市情县情，狠抓发展第一要务，让老百姓早日过上更加美好的生活。区域协调发展是实现共同富裕的必然要求，要通过全面激发内生动力，从“过日子思维”转向“发展思维”，从“投入思维”转向“产出思维”，解决发展不平衡的问题。

按规律办事，不搞急功近利、一口吃成胖子。习近平总书记指出：“高质量发展，就是能够很好满足人民日益增长的美好生活需要的发展”。进入新时代，我国社会主要矛盾已经转化为人民日益增长的美好生活需要和不平衡不充分的发展之间的矛盾。解决好社会主要矛盾，必须遵循发展规律、市场经济规律，着力推动高质量发展。要深刻洞察时与势、危与机，把握近与远、长与短，分清轻重缓急，推动点上突破、面上提升。在工作过程中，要坚持实事求是，立足资源禀赋、发展基础，从办得到的事情做起，从最紧迫的事情抓起，干一件成一件。如果眉毛胡子一把抓，看似什么都抓了，最后却什么也干不成。要善于抓住主要矛盾和矛盾的主要方面，以问题为导向，靶向施策、精准发力，以钉钉子精神逐一突破。内因决定外因，发展最终还得“靠自己的骨头长肉”，要坚持以我为主，借外促内，夯实发展基础，强化“造血”功能。

用结果说话，不能墨守成规、受限于惯性思维。习近平总书记指出：“学习党的创新理论的目的全在于运用。”在推进改革发展过程中，要善于运用党的创新理论指导实践、推动工作，把“国之大者”与手头工作融会贯通起来，主动服务融入粤港澳大湾区建设等重大国家战略，在推动老区苏区加快振兴发展、共同富裕中担当作为，以一域之光为全局添彩。险不过乌篷船、苦不过泥巴地。广东省梅州市属于欠发达地区，要学习借鉴“千万工程”经验，以“百县千镇万村高质量发展工程”为总抓手，以建设苏区融湾先行区为突破口，聚焦县域经济发展、城镇功能提升、乡村形象改变，推动城乡区域协调发展不断取得新突破。发展经济不能竭泽而渔，生态环境保护不能缘木求鱼。要践行好“绿水青山就是金山银山”理念，将绿色作为最亮底色，以高质量发展实现高水平保护，以高水平保护支撑高质量发展。要以农业强、农村美、农民富为目的，在守牢耕地保护红线和粮食安全底线基础上，突出产业振兴、乡村建设、基层治理，推进乡村全面振兴，特别是抓好全域土地综合整治，促进农业规模化、机械化，实现耕地增加、粮食增多、农民增收。耕者有其田、不一定自己种，居者有其屋、不一定住农村，要探索推动农村居住与生产分离，不断优化生产、生活、生态空间布局，形成古镇与良田共存、产业与乡村共兴的乡村风貌。

为人民服务，不能脱离群众、牺牲群众利益。习近平总书记指出："改革发展必须坚持以人民为中心，把人民对美好生活的向往作为我们的奋斗目标，依靠人民创造历史伟业！"上面千条线，下面一根针。每一张蓝图、每一个战略都需要基层一线抓落实、干部群众齐参与。要树立正确政绩观，从群众中来、到群众中去，走好新时代党的群众路线。要善于引领群众，不当群众尾巴，去除"官气"、多接"地气"，推动资源在基层聚集、问题在基层化解、工作在基层落实；善于引导群众，充分考虑群众千差万别的特点和需求，用群众语言做群众工作，线上线下同发力，让群众听得进、看得懂、记得住，防止理论宣讲晦涩难懂、上下一般粗；善于服务群众，始终同人民群众站在一起、想在一起、干在一起，解决好群众急难愁盼问题；善于向群众学习，做群众的"小学生"，尊重基层首创精神、群众创造精神，广泛发动群众，紧紧依靠群众创造新的业绩。

理论创新无止境、实践运用无止境。在推进中国式现代化新征程上，要以"行之力则知愈进，知之深则行愈达"的执着与韧劲，守正创新、知行合一，不断创造新业绩、展现新气象，为强国建设、民族复兴伟业添砖加瓦。

（马正勇 《人民日报》2025 年 02 月 21 日第 09 版）

在攻坚克难中长本领、出业绩

“盖有非常之功，必待非常之人。”2024年9月召开的中共中央政治局会议，对广大党员干部提出“要勇于担责、敢于创新，在攻坚克难中长本领、出业绩”的明确要求。推进中国式现代化是一项全新的事业，前进道路上必然会遇到各种矛盾和风险挑战。越是伟大的事业，越是充满艰难险阻，越需要党员干部知重负重，在攻坚克难中练就敢于啃硬骨头、敢于涉险滩的铁肩膀、真本事，创造出无愧时代、不负人民的新业绩。

马克思主义认为，全部社会生活在本质上是实践的。习近平总书记指出：“实践的观点、生活的观点是马克思主义认识论的基本观点，实践性是马克思主义理论区别于其他理论的显著特征。”党员干部开眼界、长见识、增本领的途径有很多，可以向书本学、向先进地区学、向老同志学，也可以通过网络拓展认知边界，这种知识与经验的获取方式固然重要，但最根本的还是要靠实践。“纸上得来终觉浅，绝知此事要躬行。”只有在实践中进行实操和应用，洞悉和掌握事物发展的规律，并在实践中反复检验、不断创新，才能扫除经验盲区、补足能力短板。事实上，越是火热的实践、艰苦的环境、吃劲的岗位，越能磨砺人的品质、考验人的毅力、增长人的才能。在攻坚克难中长本领、出业绩，强调的正是实践的作用。

习近平同志在《摆脱贫困》一书中写道：“共产党人在改造世界的社会实

践中提高修养，同时也获得事业的成功，这就是我们常说的‘修行靠实践，功到自然成’。在实践中提高修养，在实践中获得成功，是共产党人建功立业应遵循的重要原则。”现实中，许多党员干部学历高、理论强、综合素质好，接受新事物快，发展潜力大。但也要看到，一些从家门到校门再到机关门的“三门”干部，没有吃过苦，没有经受过挫折，没有经历过风雨，缺乏基层一线的摸爬滚打和实践锻炼，在驾驭复杂局面和处理急难险重任务时往往扛不住，难以挑起重担，不能攻坚克难。古人云：“物有甘苦，尝之者识；道有夷险，履之者知。”党员干部结合实际工作需要，坚持干中学、学中干，发扬“四下基层”优良传统，扑下身子“迎考”、沉到一线“解题”，在大风大浪、艰难困苦中淬炼锻造，在难事急事和危局险局中磨炼应战，当上几回“热锅上的蚂蚁”，多接几次“烫手山芋”，才能练就挑大梁、担大任、干大事的本领，也才能在实践与认识的循环跃升中不断获得真知识、找到金点子、闯出新路子、创造新业绩。

伟大事业成于实干。党的十八大以来，以习近平同志为核心的党中央团结带领全党全国各族人民，以巨大的政治勇气和智慧推进全面深化改革，开创了以改革开放推动党和国家各项事业取得历史性成就、发生历史性变革的新局面。当前，面对复杂多变的国内外形势，面对新一轮科技革命和产业变革加速演进态势，面对人民群众对美好生活的新期待，着力解决好发展不平衡不充分的问题，啃下进一步全面深化改革的“硬骨头”，把中国式现代化宏伟事业不断推向前进，更加需要广大党员干部勇于善于攻坚克难，敢于冲在前、干在先，知难而进、迎难而上、向难求成。

在攻坚克难中长本领、出业绩，最终要通过实绩实效来体现。面对困难和挑战，有的党员干部每天忙忙碌碌，结果却一事无成；有的党员干部调研、座谈搞了不少，实际工作却鲜有成效。究其原因，或是缺乏能力，抓不住重点、用不对方法；或是缺少魄力，执行落实不到位；或是心中打着“小九九”，拨着小算盘，不能真正从政治上、全局上想问题、干事情。在攻坚克难中长本领、出业绩，必须树牢正确政绩观，把人民满意不满意、高兴不高兴、答应不答应作为检验工作、评价业绩的根本标准；在实践中上心用心，善于总结思考，不断通过实干巧干真出业绩、出真业绩，不在忙碌中陷入事务主义，真正让改革发展成果惠及广大人民群众。

（倪明胜　《人民日报》2025 年 01 月 15 日第 09 版）

综合施策，让“不善为”干部能为善为

党的二十届三中全会《决定》提出：“着力解决干部乱作为、不作为、不敢为、不善为问题。”相较于因政绩观错位、私心过重而引发的乱作为、不作为和不敢为，“不善为”干部虽然在主观上抱有干事创业的意愿，却因缺乏干成事的本领而常常陷入事倍功半、事与愿违的窘境。这些干部或因初涉职场、经验尚浅，或因动力不足、信心欠缺，又或因方法失当、路径不明，在面对复杂局面、处理棘手问题时显得捉襟见肘、疲于应对。然而也要认识到，“不善为”干部中蕴藏着巨大的潜能。这种潜能，只要被充分发掘并点燃，就能焕发出一束束的光芒，为推动本地区本部门事业发展注入强劲动力。

点燃潜能之火，首先要寻得“引火之源”。此“源”正是党员干部内心深处的理想信念与初心使命，它既是激发干部潜能的起点，也是破解“不善为”的关键。很多时候，“不善为”干部并非无能，而是缺少理想信念和初心使命的持续感召与鼓舞，内心深处的信仰之火、使命之光未曾真正点燃。因此，必须持续强化理论武装，坚持不懈用习近平新时代中国特色社会主义思想凝心铸魂，教育引导干部深刻认识到自己肩负的职责使命，夯实担当作为、干事创业的思想根基，真正点燃信仰与使命的火种，激发勇毅前行的不竭动力，自觉做到为官有为、为官善为。

烧旺潜能之火，还需持续“添柴加薪”。这里的“柴”和“薪”，指的是提高学习本领、增长才干。正如篝火需不断添柴加薪以维持其炽热，干部亦需坚持不懈地加强学习，才能掌握干事创业的过硬本领。在实际工作中，要秉持终身学习的理念，不断充盈知识储备。组织部门要重视干部的实践磨砺与技能提升，通过轮岗交流、挂职锻炼等方式，让他们在改革发展的主战场、服务群众的第一线，经风雨、见世面、长才干。针对干部的知识空白、经验盲区、能力弱项，开展精准化的理论培训、政策培训、科技培训、管理培训、法规培训，不断提升其业务能力和综合素质，以更好适应工作要求。烧旺干部潜能之火，还需构建科学的激励机制，对优秀干部进行表彰奖励，让他们深切感受到组织的关怀与鼓励，激励他们不断奋发向前。

壮大潜能之火，更需广阔的“燃烧空间”。“空间”主要指积极健康的政治生态和良好向上的干事创业环境。习近平总书记强调：“在遵规守纪前提下，安心工作、放手干事，锐意进取、积极作为。”这要求我们落实“三个区分开来”，根据工作需要和队伍建设实际，及时把那些“善作为”的干部选出来、用起来，让那些想干事、能干事、干成事的干部有更多大放异彩的机会和舞台。同时，持续纠治形式主义、官僚主义痼疾，切实为基层干部减轻负担，让干部把更多的心思和精力用在抓改革、促发展上。用好批评和自我批评这一锐利武器，推动形成清清爽爽的同志关系、规规矩矩的上下级关系，以纯洁的党内关系激发干部干事创业的积极性和创造性。如此，干部的潜能方能在更广阔的空间中得以充分释放。

在实际工作中，我们不难发现，许多曾经被视为“不善为”的干部，在得到理论滋养、党性锤炼，在进行学习提升和获得广阔空间后，展现出很大潜力。他们有的成为业务骨干，在各自领域独当一面；有的走上领导岗位，肩负起了更重的使命责任；还有的在创新创造中崭露头角，为经济社会发展注入新的活力。让每一名干部在各自岗位上发光发热，为推动党和人民事业不断焕发新的光彩、贡献力量，检验各级党组织的领导力，也是必答题。

（张亚勇 《人民日报》2025 年 01 月 10 日第 09 版）

永葆“干字当头”作风

习近平总书记在中共中央政治局民主生活会上指出：“纪律既明确了不能触碰的底线和边界，也为党员、干部干净干事、大胆干事提供了行动准绳。遵规守纪，就会拥有干事创业的充分自由和广阔空间。”

中央八项规定是铁规矩、硬杠杠，推动党风政风持续向好，引导广大党员、干部转变作风勇担当、真抓实干促发展。岁末年初，人们总结过去一年干了什么，谋划新的一年准备干什么，无论成绩还是计划，都离不开一个“干”字。

大道至简，实干为要。看准了就抓紧干。有句俗语，人误地一时，地误人一年。说的是农民种地，如果错过农时，就会影响一年的收成。干事创业，也是同样的道理。时间不等人、形势不等人，必须只争朝夕、担当作为，以实干作风赢得主动、赢得实效。

过去一年，从全面深化改革到进一步全面深化改革，呼唤更多的行动派、实干家。如何催生新动能，因地制宜发展新质生产力？安徽合肥市搭建科技成果转化专班，主动为产学研结合提供一站式、精细化服务。如何提高惠企政策落实的针对性有效性，进一步优化营商环境？辽宁沈阳市持续深入开展“我陪群众走流程”活动，广大党员、干部通过换位体验，找准问题症结，谋实改革良策……前进道路上，难免遇到各种各样的新问题、新挑战。但一系列改革实践告诉我们，实干是最质朴的方法论，是成就事业的必由之路。

干，是敢想敢干，锚定目标，迎难而上，也是能干会干，心中有数，破题有招。一年来的实践让党员、干部更加深刻地领悟到，要想干成事，就必须善于从党的创新理论中找方向、找路径，坚持到基层一线去找方法、找答案。如今，又到一年冰雪季，从“中央大街铺设新地毯”到“冰雪辽宁舰”，哈尔滨延续着此前的热度。保持人气的秘诀是什么？当地党员、干部干中学、学中干，总结了不少经验，“保持对游客的真心和热情”“统筹推进产业焕新、城市更新，让城市既有颜值又有内涵”……实践证明，只要心中装着人民，务实肯干、勤在事上练，就能不断发现、掌握解决问题的“金钥匙”，就能不断练就担当作为的铁肩膀，就能不断增强干事创业的信心和底气。

作风就是形象，作风就是力量。广大党员、干部锲而不舍贯彻落实中央八项规定精神，永葆“干字当头”作风，敢想敢干、善作善成，定能不断创造新的更大业绩。

（希仁　《人民日报》2025 年 01 月 07 日第 19 版）

莫做“躺平者” 争当实干家

口号喊罢“唱空城”、拈轻怕重“做样子”、遇到难题“绕道走”……2024 年 9 月，广东省湛江市麻章区 8 名“躺平式干部”被调整。麻章区出台《关于实行领导干部履职表现辨才治庸方案（试行）》，突出以事察人、以事辨人，为实干者加油，明确对“躺平者”予以处理。

究其根源，“躺平”是个别干部理想信念淡薄、责任意识缺失、背离初心使命，信奉“只要不出事、宁愿不干事”，对工作推、拖、绕、躲，不担当不作为。同时，个别地方和部门也存在考核时不注重实绩导向，干多干少一个样，干好干坏一个样，甚至出现多干多吃亏、少干不吃亏、“躺平还能躺赢”的怪象。

干部干部，干字当头，对“躺平式干部”必须动真碰硬。近年来，各地纷纷亮招，采取个别谈话、群众评议等一系列方式，对“躺平式干部”进行精准识别，督促“躺平者”认识到躺平不可取、躺赢不可能，倒逼其知耻而后勇，站起来、干起来。

让“躺平式干部”站起来、干起来，根本在于把牢理想信念“总开关”，在精神上补钙壮骨。各地各部门要坚持不懈用习近平新时代中国特色社会主义思想凝心铸魂，引导党员干部树立正确的权力观、政绩观、事业观，真正从思想深处立起来、站起来，从内心深处抵制“躺平”。广大党员干部应时常“检身自省”，涵养干事光荣、避事可耻的政治自觉、思想自觉、行动自觉，把为人民群众创造美好生活作为矢志不渝的价值追求，落实到干好本职、干成事业的具体行动中。

好干部是选出来的，更是管出来的。让“躺平式干部”站起来、干起来，亟须进一步鲜明树立重实干、重实绩的选人用人导向。各地各部门应注重在基层一线识别干部、选拔干部，把群众满意、实绩突出、组织放心的干部选出来、用起来，让吃苦者吃香、优秀者优先、有为者有位、能干者能上，让“躺平者”无处可躺，让大家干事创业更有盼头、更有干劲。同时，加强日常监督管理，扎紧制度的笼子，对干部“躺平”问题，及时咬耳扯袖，早发现、早提醒、早纠正；对于不珍惜岗位、不愿作为的干部，该调整的及时调整，该问责的坚决问责，以严肃执纪执法倒逼党员干部转作风。

进一步全面深化改革，呼唤更多的促进派、实干家。动真碰硬处置“躺平式干部”，其实也是保护干事创业者的积极性主动性创造性。只有对“躺平式干部”动真格，才能让更多干部不“躺平”。不断健全完善干部考核评价制度和激励机制，把真抓实干的规矩挺起来，促进能者上、庸者下、劣者汰，方能激活党员干部干事创业的“一池春水”，有力有效确保各项改革举措落地落实。

（沈童睿　《人民日报》2024 年 12 月 24 日第 16 版）

勤不言苦　行不畏难

一勤天下无难事。一个“勤”字，胜过无数成功学“秘笈”。

勤政务实，是新时代好干部五条标准之一。习近平总书记强调：“要把干净和担当、勤政和廉政统一起来，勇于挑重担子、啃硬骨头、接烫手山芋。”在“勤”字上下功夫，是党员干部成长进步的必修课。

“勤”，就要用心用情用力。“政如农功，日夜思之”，作为领导干部，不仅要“时时放心不下”，还要紧紧抓在手上，把工作往实里抓、往深里干，为的是在有限时间里，为百姓做更多的实事、办更多的好事。

“人民的好公仆”焦裕禄，“一腔热血洒高原”的孔繁森，“草鞋书记”杨善洲,“樵夫”廖俊波……优秀的共产党人，无不心系百姓、以“勤”立身。他们将群众的事当作天大的事，日夜操劳、奔波忙碌，努力把为民之责化作惠民之实，在人民心中筑起不朽的丰碑。

“勤”，就要实干担当进取。“困难挑战年年有，但我们从来都是在风雨洗礼中发展、在历经考验中壮大的。”事业遇到挑战，正是考验干部的当口。有多大担当干多大事业，没有担当只有靠边站。闯关夺隘、攻城拔寨，容不得拈轻怕重、躺平甩锅、敷衍塞责、得过且过等消极现象。

深入调研、精准施策，逐一回应民生之问；迎难而上、攻坚克难，以改革扫除前进路上的拦路虎；事不过夜、防微杜渐，打牢防御风浪挑战的堤坝……面对改革发展稳定的繁重任务，党员干部要干字当头，以只争朝夕的紧迫感与舍我其谁的责任感，鼓足干事创业的精气神，冲在前、干在先，把各方面的干劲都带起来。

共产党人勤不言苦、行不畏难，是因为懂得“为谁辛苦为谁甜”的奋斗哲学。党员干部工作勤得像蜜蜂，老百姓的日子甜得像蜂蜜。树立和践行正确政绩观，才是勤政为民的源头活水。锚定为民造福，就能辨析清楚得与舍、大与小、有与无，干干净净做人、清清爽爽干事。

“勤”还能助廉，“勤于正事必疏于邪门”。得过且过、慵懒懈怠、无所用心，往往难以获得工作的价值感、人生的方向感，容易陷入空虚无聊，甚至丧失底线原则。勤奋者专注事业、务实进取，是守住内心的体现，有助于摒除杂念、砥砺操守。

还要看到，人的精力和时间是有限的，“勤”也要勤得有意义、有价值。忙无谓的事务多了，做有用功的时候就少了；忙于填表、开会和应付检查，跟老百姓在一起的时间就少了。必须深化整治形式主义、官僚主义顽瘴痼疾，持续为基层减负、为干部松绑，让干部把更多精力用在抓落实上，集中到推动发展、服务群众上。

为者常成，行者常至。以勤为先、锐意进取，把改革抓在手上、落到实处、干出成效，我们就一定能牢牢掌握发展主动权。

（陈亚楠　《人民日报》2024 年 12 月 23 日第 04 版）

大道至简：中国式现代化与实事求是

现代化，是一个世界性的客观现象，它指的是人类社会从传统文明向现代文明转变的历史过程。一个国家选择什么样的现代化道路，是由其历史传统、社会制度、发展条件、外部环境等诸多因素决定的。中国对现代化的探索，早期经历了种种曲折，直到中国共产党成立，探索中国现代化道路的重任，历史地落在了中国共产党身上。习近平总书记在党的二十大报告中指出“从现在起，中国共产党的中心任务就是团结带领全国各族人民全面建成社会主义现代化强国、实现第二个百年奋斗目标，以中国式现代化全面推进中华民族伟大复兴”，向全党全国各族人民发出了不断夺取全面建设社会主义现代化国家新胜利的伟大号召，为强国建设、民族复兴伟业指明了前进方向、注入了强大动力。

要全身心投入，就要全方位理解。什么是中国式现代化，中国式现代化是怎么来的，怎样才能走稳走好中国式现代化道路？这是三个硕大无比而又必须认真回答的问题。这三大问题其实历史已经从方法论的角度给出了原则答案。这就是一个源自汉代的经学和考据学的古老命题，经过历代先贤特别是经过中国共产党领袖人物的创造性转化、创新性发展后，终于成为中国共产党思想路线的核心要义，成为一代又一代中国共产党人念兹在兹的四个大字——实事求是。实践已经并将继续证明：以中国式现代化全面推进强国建设、民族复兴伟业，具有最大先进性、最大现实性、最大包容性。归根结底，具有最大实事求是性。

中国式现代化的基本内涵体现着实事求是的伟大精神

什么是中国式现代化？党的二十大报告从五个方面作出深刻阐释，这是从中国实际出发，经过不断探索得出的真理性认识，是实事求是的思想结晶。

“中国式现代化是人口规模巨大的现代化”，这是我国现代化建设最为直观的一个特点。现在，全球进入现代化的国家也就20多个，总人口10亿左右。如果中国14亿多人口能整体迈入现代化，那规模将超过现有发达国家人口的总和。世界上还有哪个国家能有这么多人口几乎同时进入现代化行列呢？“中国式现代化是人口规模巨大的现代化”这一特点决定了它大有大的好处，比如能提供充足的人力资源和超大规模市场等，但同时大也有大的难处，比如解决人们的吃饭、就业、教育、医疗、住房、养老、托幼等问题，哪一项涉及的人群都是巨大数字。我们党始终从国情出发想问题、作决策、办事情，既不好高骛远，也不因循守旧，保持历史耐心，坚持稳中求进、循序渐进、持续推进。正是坚持实事求是，让中国抓住了历史机遇。

“中国式现代化是全体人民共同富裕的现代化”，这是由中国特色社会主义最本质的特征和中国特色社会主义制度的最大优势决定的。中国是中国共产党领导的社会主义国家，社会主义的本质和中国共产党的性质宗旨要求中国式现代化必须坚持发展为了人民、发展依靠人民、发展成果由人民共享。“由人民共享”就必须实现全体人民共同富裕，而不是像西方国家的现代化那样以资本为中心，导致贫富差距过大。因此，我们党坚持把实现人民对美好生活的向往作为现代化建设的出发点和落脚点，着力维护和促进社会公平正义，着力促进全体人民共同富裕，坚决防止两极分化。实践充分证明，中国式现代化是全体人民共同富裕的现代化，这是从中国的最大实际出发提出的。中国共产党领导下的社会主义中国，舍此别无他途。

“中国式现代化是物质文明和精神文明相协调的现代化”，这是从中国共产党的理论基础和行动指南出发作出的必然选择。中国共产党是一个以马克思主义作为指导思想的执政党，在中国共产党的领导下，我们高举马克思主义、中国特色社会主义伟大旗帜不动摇。马克思主义的一个基本观点，就是要实现人的自由而全面的发展。也就是说，既强调物质财富极大丰富，也强调精神财富极大丰富。因而我们党不断厚植现代化的物质基础，不断丰富人民幸福生活的物质条件，同时大力发展社会主义先进文化，加强理想信念教育，传承中华文明。正是坚持实事求是，促进了物的全面丰富和人的全面发展。

“中国式现代化是人与自然和谐共生的现代化”，这是基于中国的文化传统和人民的根本利益得出的正确结论。建立在中华文明基础上的中国式现代化，天然地对大自然怀有深深的敬畏之心，强调人与自然的和谐共生。我们党坚持“人与自然是生命共同体”的理念，坚持可持续发展，坚持节约优先、保护优先、自然恢复为主的方针，强调要像保护眼睛一样保护自然和生态环境，坚定不移走生产发展、生活富裕、生态良好的文明发展道路。实践必将证明，只要坚持这样去做，我们就一定能实现中华民族的永续发展。

“中国式现代化是走和平发展道路的现代化”，这一特点则主要是由我们的文化基因所决定的。中华民族自古就有“天下一家”的宽广胸怀，和平、和睦、和谐是中华文明5000多年来一直传承的理念，主张以道德秩序构建一个群己合一的世界，在人己关系中以他人为重。正是从这样的天下观、从我们的文化基因出发，我们党坚定地站在历史正确的一边，站在人类文明进步的一边，高举和平、发展、合作、共赢旗帜，在坚定维护世界和平与发展中谋求自身发展，又以自身发展更好维护世界和平与发展。因此，中国式现代化以和平方式实现，是我们与生俱来的文化基因所决定的。

中国式现代化的发展历程贯穿着实事求是这条红线

在旧中国那样一个半殖民地半封建的社会制度下走现代化道路，首先必须铲除吸附在腐朽制度上的反动力量，为实现真正体现人民利益的现代化扫清障碍。为此，在中国共产党领导下，中国人民成功找到了“农村包围城市、武装夺取政权”的中国革命正确道路，而之所以能找到这条道路，是因为中国共产党开启了马克思主义中国化的伟大进程，坚持实事求是，坚持用马克思主义的“矢”去射中国革命的“的”。

新中国成立后，在中国建设什么样的现代化、怎样建设现代化，又成为摆在党和国家面前的一个全新课题。党领导人民成功找到了对农业、手工业和资本主义工商业进行社会主义改造的道路。党的十一届三中全会后，中国共产党领导人民进一步找到了实行改革开放的道路。从“四个现代化”任务到“两步走”设想，从“三步走”的战略部署到新“三步走”的战略部署，伴随着社会主义建设和改革开放的脚步，现代化迅速改变了国家的落后面貌，中国大踏步赶上了时代。这期间，无论是社会主义改造道路的确定，还是改革开放道路的开辟，都是“两个结合”的产物，都是实事求是的思想结晶。

党的十八大以来，以习近平同志为核心的党中央以强烈的历史自觉和宽广的世界眼光谋划和推进现代化，作出“两步走”战略安排，领导党和人民全面建成小康社会，迈上全面建设社会主义现代化国家新征程。在这个过程中，我们党对建设社会主义现代化国家，之所以能在认识上不断深化、在战略上不断成熟、在实践上不断丰富，使中国式现代化得到大大推进和拓展，靠的是“两个确立”，坚持了实事求是。

中国共产党百余年的光辉历程启示我们：“我们过去取得的一切成就都是靠实事求是。今天，我们要把中国特色社会主义事业继续推向前进，还是要靠实事求是。”

要继续走稳走好中国式现代化道路，必须毫不动摇坚持实事求是

习近平总书记指出：“推进中国式现代化，是一项前无古人的开创性事业，必然会遇到各种可以预料和难以预料的风险挑战、艰难险阻甚至惊涛骇浪”。这实际上是在提醒全党，要注意研究中国式现代化在新的时代条件下所

面临的重要“实事”，即“世界百年未有之大变局和中华民族伟大复兴战略全局”。具体说，洞察时代大势，包括向外看和向内看这两个视角、两种维度。向外看，就要清醒看出两种意识形态、两种社会制度的竞争更趋激烈，守成势力不甘心原有优势地位的旁落，必然会对中国进行各种打压、遏制甚至破坏。向内看，就要清醒认识我国仍处于并将长期处于社会主义初级阶段，这是我国的基本国情；就要正确把握我国社会主要矛盾的变化，这是一个关系全局的历史性变化。要看到，前进道路上还有一系列难点、卡点、堵点需要突破，改革发展稳定的任务还异常繁重。

从这样的“实事”出发，党的二十大提出了一系列应变之策和推进之方，主要有前进道路上必须牢牢把握的五条重大原则，即坚持和加强党的全面领导、坚持中国特色社会主义道路、坚持以人民为中心的发展思想、坚持深化改革开放、坚持发扬斗争精神。这五条重大原则是我们党对推进中国式现代化的规律性认识，是在“实事”基础上求得的“是”，弥足珍贵，必须悉心学习领会，全力贯彻落实。

中国式现代化作为人类历史上最为宏大而独特的实践创新，是一个高度复杂、高速运转的系统工程。这种复杂性既体现在其内部新旧问题的交织叠加上，也体现在内外因素的深度互动上，其整体性、关联性、动态性前所未有，这是推进中国式现代化又会遇到的另一种“实事”。习近平总书记在新进中央委员会的委员、候补委员和省部级主要领导干部学习贯彻习近平新时代中国特色社会主义思想和党的二十大精神研讨班上提出了需要统筹兼顾、系统谋划、整体推进，正确处理好顶层设计与实践探索、战略与策略、守正与创新、效率与公平、活力与秩序、自立自强与对外开放等一系列重大关系；党的二十届三中全会从这样的实际出发，在进一步全面深化改革的总目标中强调了聚焦构建高水平社会主义市场经济体制、聚焦发展全过程人民民主、聚焦建设社会主义文化强国、聚焦提高人民生活品质、聚焦建设美丽中国、聚焦建设更高水平平安中国、聚焦提高党的领导水平和长期执政能力等“七个聚焦”的分领域目标，以实事求是的精神为进一步全面深化改革指明了方向。这就为通往中国式现代化的胜利彼岸提供了重要方法论指导。

综上所述，正是因为我们党有了一切从实际出发，理论联系实际，实事求是，在实践中检验真理和发展真理的思想路线，我们才会有中国式现代化足以令人自豪的昨天和今天，也才会有中国式现代化更加光明的明天。实事求是是中国式现代化最为通畅的理论路径和最为重要的思想内核，其简洁、朴素而又深刻的表述令人信服地彰显了“大道至简”的道理，必将在历史的星空中永远闪耀灿烂的哲理光芒。而中国式现代化这场伟大的历史活剧，则必将在坚持实事求是中高潮迭起，中国人民必将在中国化时代化的马克思主义特别是习近平新时代中国特色社会主义思想的指引下，始终坚持“两个结合”，“让理论之树长青，事业之树长青”，不断创造中国式现代化的新辉煌。

（欧阳淞　《人民日报》2024 年 12 月 10 日第 09 版）

推进改革要“把自己摆进去”

“把自己摆进去”是习近平总书记在不同场合多次强调的重要思想方法和工作方法，体现了共产党人的责任意识和担当精神。习近平总书记强调：“各级党委和政府以及各级领导干部要把自己摆进去想改革、议改革、抓改革，争当击楫中流的改革先锋。”党的二十届三中全会吹响了进一步全面深化改革的号角。改革没有旁观者和局外人，广大党员干部必须增强责任感和使命感，把自己摆进去，主动作为、挺膺担当。

党员干部在学习和工作中，有没有把自己摆进去，结果大不一样。比如，在理论学习中，如果不能把自己摆进去，不能联系自己的思想实际开展学习，那就难以达到改造主观世界的目的。只有把自己摆进去，看看自己思想认识上有哪些差距，深挖一下思想根源，才能学深悟透，进而做到学思用贯通、知信行统一。又如，在开展党内集中学习教育时，如果不能把自己摆进去，就不可能找准自身存在的问题，检视整改就是无的放矢，自然也就达不到学习教育的实效。再如，在改革发展实践中，如果不能把自己摆进去，不能联系自身工作职责思考如何履责，就会出现“看客”心态。只有把自己摆进去，才能知责于心、担责于身、履责于行。党的事业、人民的事业，是靠千千万万党员的忠诚奉献不断铸就的。进一步全面深化改革、推进中国式现代化是一项艰巨的事业，要求广大党员干部都把自己摆进去。

把自己摆进去，体现在思想上，就要把彻底的理论学彻底。进一步全面深化改革涉及范围广、触及利益深、攻坚难度大，对党员干部抓改革、促发展的能力本领提出了新的更高要求。习近平总书记关于全面深化改革的一系列新思想、新观点、新论断，科学回答了一系列重大理论和实践问题，是新时代全面深化改革取得的重大理论成果，为进一步全面深化改革提供了根本遵循。理论创新每前进一步，理论武装就要跟进一步。党员干部要发扬理论联系实际的学风，注重在深化内化转化上用功用力，主动结合工作岗位、行业特点、改革需要，立足本地区本部门在国家改革发展大局中的战略定位，思考谋改革、促发展的思路举措，使党的创新理论成为推动改革的强大思想武器、破解改革难题的“金钥匙”。

把自己摆进去，体现在行动上，就要把该扛的责任扛起来。进一步全面深化改革是一场广泛而深刻的社会变革，需要破除一系列深层次体制机制障碍和结构性矛盾。把自己摆进去，不是空喊口号，必须见诸行动。党员干部要坚决防止和克服形式主义，发扬敢为人先、爱拼会赢的开拓创新精神，在改革发展中大胆试、大胆闯、自主改，迎着焦点、难点、堵点主动破题、攻坚克难，以钉钉子精神推动改革任务一项一项落实、一件一件见成效。要保持“时时放心不下”的责任感和“事事心中有底”的行动力，冲破思想束缚、打破利益藩篱，精耕细作“责任田”，真正把改革举措抓在手上、落到实处。

在改革中让党员干部把自己摆进去，需要在建章立制上下功夫。在进一步全面深化改革中，大多数党员干部铆足闯劲和干劲，想要干出一番事业，但也有一些人抱着得过且过的“佛系”心理，表现出不干事怕担事的“躺平”状态。针对这些情况和问题，要健全有效防范和纠治政绩观偏差工作机制，落实干部能上能下机制，进一步明确“下”的情形、优化“下”的程序、拓宽“下”的渠道、压实“下”的责任，使观望者不再犹豫、侥幸者去掉幻想、投机者没有市场，激励所有党员干部争当埋头苦干的“行动派”。

（宋建晓　《人民日报》2024 年 11 月 27 日第 09 版）

以钉钉子精神抓好改革落实

事业发展没有止境，深化改革未有穷期。党的二十届三中全会《决定》提出：“面对纷繁复杂的国际国内形势，面对新一轮科技革命和产业变革，面对人民群众新期待，必须继续把改革推向前进。”进一步全面深化改革，既是党的十八届三中全会以来全面深化改革的实践续篇，也是新征程推进中国式现代化的时代新篇，体现了我们党将改革进行到底的坚强决心和坚定信心。

一分部署，九分落实。2024 年 8 月 29 日召开的中央全面深化改革委员会第六次会议，审议通过《中央和国家机关有关部门贯彻实施党的二十届三中全会〈决定〉重要改革举措分工方案》。当前，各地正积极谋划推进各项改革举措。抓好改革落实，需要守住改革初心、坚定改革决心、砥砺改革恒心，苦干实干、不懈奋斗，推动改革不断取得新成效。

为了人民而改革，改革才有意义；依靠人民而改革，改革才有动力。习近平总书记深刻指出：“抓改革、促发展，归根到底就是为了让人民过上更好的日子。”新时代以来，我们坚守改革初心，得到亿万人民的拥护和支持。从推进国家组织药品和耗材集中带量采购改革、切实减轻患者医疗负担，到稳步实施城市更新行动、不断提高人民生活品质，再到深入推进环境污染防治、让群众在绿色发展中持续受益……老百姓关心什么、期盼什么，改革就要抓住什么、推进什么。在落实改革任务中，更加精准地对接发展所需、基层所盼、民心所向，切实提升改革的精准性、针对性、实效性，紧紧依靠人民将改革推向前进，才能让人民群众有更多、更直接、更实在的获得感、幸福感、安全感。

抓好改革落实，还要激发“越是艰险越向前”的信心决心。进一步全面深化改革，攻坚克难任务更重、特点更鲜明。这是因为，全面深化改革越是向纵深推进，触及的利益矛盾越复杂尖锐，动奶酪遇到的干扰越多、阻力越大，硬骨头越难啃。如何打破跨部门合作、跨区域协调的障碍，防止和克服各行其是、相互掣肘，推动各领域各方面改革举措同向发力、形成合力？如何做到先立后破，确保传统产业转型之路更顺畅、更稳健？志不求易，事不避难。坚定信心决心，敢于斗争，在改革落实上下更大功夫，才能让改革一往无前。正如习近平总书记强调的，“看准了就坚定不移抓”。

水滴石穿，绳锯木断。抓好落实，必须有恒心、有韧劲、有定力。比如，营造市场化、法治化、国际化一流营商环境，需要在制度、政策、服务等方面逐步完善、持续发力，是一项既紧迫又要长期坚持的工作。再比如，加强地下综合管廊建设和老旧管线改造升级，提升城市安全韧性，不是一次性的工作，而是必须随着城市的发展持续推进、不断探索。保持只争朝夕的心态，付出久久为功的努力，就能确保改革有序推进、稳步向前。

化目标为行动、把蓝图变现实，关键在落实。在乱云飞渡中把牢正确方向，在风险挑战面前迎难而上，察实情、出实招、求实效，我们定能以进一步全面深化改革开辟中国式现代化广阔前景，一步一个脚印把美好蓝图变为现实。

（胡依凡　《人民日报》2024 年 09 月 19 日第 05 版）

尽力而为与量力而行

在谈到抓改革落实时，习近平总书记强调："制定好实施方案，做到精准施策、适时适度，尽力而为、量力而行，切忌脱离实际。"

"尽力"强调主观能动性，"量力"注重按规律办事。坚持尽力而为、量力而行，坚持发挥主观能动性和尊重客观规律的统一，是推动党和国家事业发展的重要方法。

2003 年"新农合"建立初期，能报销的药品只有 300 余种，治疗癌症、罕见病等用药几乎不能报销。如今，我国医保药品目录内包含药品已达 3088 种，其中包含 74 种肿瘤靶向药、80 余种罕见病用药。

保障范围不断拓展，现代技术更加可及，报销比例持续提高，服务越来越便利，小步走、不停步，循序渐进，我们建起世界上最大的医疗保障网，兜住老百姓的健康。

习近平总书记指出："什么时候都不能忘记一个道理，经济发展和社会保障是水涨船高的关系，水浅行小舟，水深走大船，违背规律就会搁浅或翻船。"

尽力而为突出的是担当与干劲。不管"行小舟"，还是"走大船"，都必须中流击水、奋楫扬帆，才能百尺竿头更进一步。

曾经，一纸户籍划出一道城乡"鸿沟"。统一城乡户口登记制度，全面实施居住证制度……户籍制度改革动真碰硬，突破坚冰，推动 1.4 亿农业转移人口落户城镇，城乡二元结构一步步打破，以人为核心的城镇化稳步推进。

没有逢山开路、遇水架桥的闯劲，没有革命加拼命的强大精神，就不可能激发潜能、奋力一跃，把一个个不可能变成一定能，创造一个个人间奇迹。

量力而行考验的是智慧和韧劲。不论是推进改革还是推动发展，尊重实际、把握规律才能逆水行舟、涉险滩。中国式现代化是前无古人的伟大事业，改革开放永远在路上。艰巨繁重的系统工程，“毕其功于一役”不可取也不可能。

浙江肩负着建设共同富裕示范区的使命，习近平总书记叮嘱“一定要放低身段来干这件事”；推进“双碳”工作，习近平总书记强调“不能把手里吃饭的家伙先扔了”，不能运动式停煤降碳；发展新质生产力，习近平总书记提醒：“要防止一哄而上、泡沫化，也不要搞一种模式。”

干大事，谋长远，必须实事求是。提脱离实际的目标、干超越发展阶段的事，就可能“解决一个问题，留下十个遗憾”。

只“尽力”不“量力”，容易急功近利；只“量力”不“尽力”，往往缺少魄力。坚持尽力与量力相结合，才能管控好风险，确保改革落地见效。

尽力而为，必须乘势而上，看准了就抓紧干，奔着解决最突出的问题去，拿出“改革味要浓、成色要足”的举措，把各方面的干劲带起来。

量力而行，必须坚持一切从实际出发，深入调查研究，加强科学论证，多考虑条件成不成熟、环境配不配套、顺序正不正确、举措周不周全等问题，做到精准施策、适时适度。

“只要经过了充分论证和评估，只要是符合实际、必须做的，该干的还是要大胆干。”锚定目标，发扬“钉钉子”精神，以实绩实效和人民群众满意度检验改革，定能使各项改革落地见效。

（华平　《人民日报》2024 年 09 月 09 日第 04 版）

探索具有本地特色的改革

改革是发展的动力，能够不断为中国式现代化注入强劲动力、提供有力制度保障。习近平总书记在宁夏考察时强调“探索具有本地特色的改革”，这为进一步全面深化改革提供了重要方法论指导。

探索具有本地特色的改革，是坚持实事求是、一切从实际出发的必然要求。20世纪80年代，时任正定县委书记的习近平同志针对正定紧邻省会的区位特点，经过深入调研，提出了“半城郊型”经济发展路子，并在实践中总结出了面向城市发展的“二十字经”：投其所好，供其所需，取其所长，补其所短，应其所变。这正是探索具有本地特色改革的生动体现。改革开放以来，从“大包干”到“三来一补”、从乡镇企业快速发展到创新创业创造蔚然成风，各地根据自身实际不断探索，推动改革在认识和实践上不断取得新突破。

在新时代全面深化改革的进程中，习近平总书记高度重视推动顶层设计和基层探索良性互动、有机结合。习近平总书记强调：“中央通过的改革方案落地生根，必须鼓励和允许不同地方进行差别化探索。全面深化改革任务越重，越要重视基层探索实践”“要鼓励地方、基层、群众解放思想、积极探索，鼓励不同区域进行差别化试点”。新时代，我们党深刻洞察世界发展大势，准确把握人民群众的共同愿望，加强顶层设计，推动改革向更深层次挺进、开放向更高水平迈进。同时，鼓励各地从自身实际出发，探索具有本地特色的改革。各地资源禀赋、区位条件、产业发展水平等各不相同，在国家发展大局中的战略定位也有所区别，只有结合本地实际推出一批具有针对性的改革举措，才能把党中央的决策部署落地落实，让改革真正取得实效。

探索具有本地特色的改革，是新征程上进一步全面深化改革、推进中国式现代化的内在要求。中国式现代化越向纵深推进，越会遇到更多新情况新问题新挑战，没有现成经验、固定模式可循。鼓励和引导各地探索具有本地特色的改革，特别是在前沿实践、未知领域敢为人先，寻求有效解决新矛盾新问题的思路和办法，并创造可复制、可推广的新鲜经验，对于改革向纵深推进具有重要意义。党的二十大以来，习近平总书记在地方考察时对改革开放提出许多重要要求，比如要求浙江“以服务全国、放眼全球的视野来谋划改革，稳步扩大规则、规制、管理、标准等制度型开放”，要求江西“深化对内对外开放，以开放促发展，打造内陆地区改革开放高地，主动服务和融入新发展格局”，要求重庆“充分发挥比较优势、后发优势，进一步全面深化改革开放”……这些都是着眼于推进中国式现代化、鼓励各地结合自身实际大胆改革的重要体现。

需要强调的是，探索具有本地特色的改革，首先要坚决贯彻习近平总书记关于全面深化改革的重要论述和党中央决策部署，深刻领会党中央战略意图，把党中央决策部署与本地实际结合起来，在此基础上创造性开展工作，确保具有本地特色的改革最终效果符合党中央战略意图。要牢固树立大局意识，把一地一域置于国家发展大局中去思考去谋划去推进，在整体大框架中找准自身的定位。探索具有本地特色的改革，还要深入调查研究，善于从群众关注的焦点、百姓生活的难点中寻找改革切入点。同时，要尊重人民群众的主体地位和首创精神，充分调动人民群众的积极性、主动性和创造性，善于总结基层的实践创造，把人民群众中蕴藏着的智慧和力量充分激发出来。

（徐晓丽　《人民日报》2024 年 07 月 12 日第 09 版）

实事求是　知行合一

谈起黄大发，贵州遵义团结村的群众只有一句话：他是个老实人。就是这样一位老实人，带领村民凭借锄头、钢钎等工具，历时30余年，硬是在绝壁上凿出一条总长9400米的“生命渠”，结束了当地靠老天吃饭、滴水贵如油的历史，他也被称为“当代愚公”。

愚公不愚，贵在立志，重在有恒，善作善成。说老实话、办老实事、做老实人是我们党的优良传统，黄大发的事迹启示我们进一步思考“何为老实”的话题。

习近平总书记深刻指出：“做人老实不是愚钝，做事踏实不会吃亏。”人在事上练，也在事上见。做人老实，离不开做事踏实。老实不老实，关键看是不是坚持实事求是，能不能做到知行合一。

1930年，毛泽东同志在江西寻乌进行调查研究，老老实实扎到基层，一待就是20多天。大到县里的经济政治、商业交通，小至县里有几家卖豆腐的、杂货店里有多少种“洋货”，《寻乌调查》报告一一记录、娓娓道来，为当时农村社会描绘出一幅工笔画。“绘图”是为了“找路”，“向下看”是为了“往前走”。深入细致的调研，为我党制定土地革命政策、走好农村包围城市道路提供了科学依据。

老实人坚持真理、尊重实际，一门心思想的，是运用科学方法解决问题。他们或许不善言辞，但必须善于思考。如果脑子不清，就无法认识复杂现实，更找不到解决问题的“钥匙”。

在 2023 年“最美公务员”中，来自上海的陈丽红跑现场、进小区，敲企业大门、与居民长谈，用“笨办法”做群众的思想工作，推动黄浦江、苏州河岸线“工业锈带”成为“生活秀带”；湖南常宁的吕晓毛不到半年走遍 9 个村 111 个村民小组，“白加黑”“5+2”住在乡里，问冷暖、谋出路、兴产业，带领瑶乡群众过上好日子。

老实人还爱下笨功夫。方向确定了，就要矢志不移坚持下去，一步一个脚印，拾级而上，终能抵达目标。这山望着那山高，东一榔头、西一棒槌，往往抓不住重点、抓不好落实、做不出成绩，看似聪明，实则愚钝。

新修订的《中国共产党纪律处分条例》在政治纪律部分充实对党不忠诚不老实的处分规定，在组织纪律方面完善不按规定说明和报告行为的负面清单。这告诫我们，做老实人，必须将对党忠诚放在第一位。对党说真话而毫不隐瞒，就能让组织更好掌握情况、防微杜渐；顾全大局而不搞山头、不谋私利，才能下好全国一盘棋；坚持原则而不随波逐流，就不会让歪风邪气滋生蔓延……把忠诚老实作为人生信条，有助于党员干部成长成才，更有助于党和国家事业兴旺发达。

周恩来同志曾说：“世界上最聪明的人是最老实的人”。做忠诚可靠、言行一致的老实人，做尊重科学、尊重规律的老实人，做进取创造、任劳任怨的老实人，我们的征途将更加顺利，我们的事业将无往不胜。

（石羚 《人民日报》2024 年 07 月 11 日第 04 版）

善用因地制宜的“土办法”

在2024年5月23日召开的企业和专家座谈会上，习近平总书记回忆起往事：“我在正定工作的时候，经济学家于光远提出一个概念——限于当时中国经济实力和条件，要多考虑实现现代化的‘穷办法’。我在‘穷办法’后面又加上了一个‘土办法’，就是适应当地的办法，不一定要大而全。”“土办法”蕴含着因地制宜、因势利导的改革智慧和工作方法，对于我们进一步全面深化改革、推进中国式现代化具有重要指导意义。

坚持一切从实际出发研究和解决问题，是中国共产党一路走来的成功密码。我们党一直强调要按照中国的实际、中国的特点来办事。“土办法”体现的是我们党实事求是的思想路线，是脚踏实地的优良工作作风。中国式现代化是人类历史上规模最大的现代化，也是难度最大的现代化。一大难点就在于，它走的是前人不曾走过的新路，没有现成经验可循。只有结合具体实际，在实践中探索，在探索中创新，多思多用实事求是、因地制宜的“土办法”，多谋多用有实效、群众信服的实办法，才能应对新情况、解决新问题，把宏伟蓝图不断变成美好现实。

善用“土办法”，需要提高政治站位、找准发展定位。我国幅员辽阔、人口众多，各地区区位条件、资源禀赋、产业基础、人才结构、发展状况等不尽相同，这决定了各地区在发展中不能脱离自身实际简单套用单一发展路径。近年来，广东深圳市发挥电子信息产业基础较强的优势，推进智能网联汽车产业发展，逐渐在新能源与智能网联这条赛道上脱颖而出。陕西延安市利用本地土层深厚、光照充足、昼夜温差大等环境优势发展苹果产业，并不断延伸产业链、提升价值链，让“土特产”变成“金果果”。这说明，无论是产业优势还是资源优势、区位优势，只要精准抓住一个地区的比较优势，坚持“一把钥匙开一把锁”，找到适应当地的办法，就能探索出本地区高质量发展的路径。各个地区坚持因地制宜，实现“各美其美”，进而在整个国家发展大局中实现“美美与共”，就能不断增强我国发展动力。

“土办法”从哪里来？“土办法”既不是在办公室搜肠刮肚想出来的，也不是一拍脑袋突发奇想产生的，而是基于一个地区发展实际、源于生产生活一线的办法，是在深入细致的调查中跑出来、访出来、悟出来的，是在科学缜密的研究中形成的。比如，一个地区要进行新兴产业布局，不能不顾自身条件是否允许，见什么赚钱就上什么、别人有什么就上什么。要深入系统调查本地区的产业基础、技术人才储备等，研究这一产业的市场情况、运行模式、产业政策等，还要对国内国际相关产业布局等有所了解，通过对各种因素的综合分析摸透情况，使决策能够符合本地实际、踩准鼓点。要特别强调因地制宜，在充分调查研究基础上摸清自身家底，明确自身优势和短板，从自身条件出发形成科学规划，真正找到符合本地实际、有带动效应、能够持续释放效益的新兴产业。

人民群众的智慧和经验，是“土办法”的源头活水。从实行家庭联产承包责任制到发展乡镇企业，从成立农民合作经济组织到建立健全现代乡村社会治理体制，一项项改革的探索和突破，都离不开广大人民群众的聪明智慧和无限创造力。焦裕禄在兰考工作期间，面对面向群众请教、同群众商量，在较短时间内掌握了内涝、风沙、盐碱的规律，实施了治理“三害”的正确决策。沈浩刚到小岗村上任，就与村两委成员和“大包干”带头人深入交心，谋划小岗村发展思路。善用因地制宜的“土办法”，就要走好新时代党的群众路线，深入群众、贴近群众，近距离感知蕴藏在人民群众中的智慧和经验，从火热的生产生活实践中观察学习、归纳分析，为具体工作启发思路、为具体问题找寻对策，探索出发挥本地优势、展现本地特色的发展路子。

（李胜 《人民日报》2024 年 07 月 09 日第 09 版）

自觉做勇于担当作为的不懈奋斗者

干事担事，是干部的职责所在，也是价值所在。习近平总书记在2024年春季学期中央党校（国家行政学院）中青年干部培训班开班之际作出重要指示，对年轻干部提出明确要求，强调“要自觉做勇于担当作为的不懈奋斗者”，为年轻干部勇于担当作为、顽强拼搏进取指明了努力方向、提供了根本遵循。

回望我们党100多年的发展历程，为了民族独立和人民解放无数革命先烈舍生取义，为了国家富强和人民幸福无数党员干部牺牲奉献，他们经千难而百折不挠、历万险而矢志不渝，靠着不懈奋斗书写了气壮山河的恢宏史诗。何功伟为实现救国愿景慷慨就义，写就了“纵刀锯斧钺加诸头项”、献身真理之心“亦万不可动”的英勇；焦裕禄身患重疾仍带领干部群众治理“三害”，以“革命者要在困难面前逞英雄”的铮铮誓言感召着无数后来者；廖俊波敢闯敢试、敢担风险，“认准的事，背着石头上山也要干”，用惠民利民的苦干实干，留下“政和质量”“俊波速度”的佳话……历史与实践充分证明，干部有多大担当就能干多大事业，尽多大责任就会有多大成就，勇于担当作为，才能守好初心、担好使命。

能否勇于担当、敢于负责，最能看出一个干部的党性和作风。担当是一种责任、一种精神、一种情怀，需要无我的境界、无私的品格。一切难题，只有在担当作为中才能破解。敢于担当者，不是坐而论道的清谈客，而是起而行之的实干家，平常时候看得出来、关键时刻站得出来、危急关头豁得出来；有心怀“国之大者”的高瞻远瞩、“多打大算盘、算大账”的战略眼光、“时时放心不下”的责任感，始终为人民谋利、为全局添彩。要坚决抵制“只想当官不想干事”“不求有功但求无过”，把使命放在心上，把责任扛在肩上，勇于挑重担子、啃硬骨头、接烫手山芋，始终保持干事创业的使命感和紧迫感。

当前，很多勇于担当作为、能为敢为善为的党员干部奋斗在改革发展最前沿，他们通过自己的不懈奋斗创造了经得起实践、人民、历史检验的业绩。同时也要看到，个别党员干部面对急难险重任务不敢干，风险面前不敢闯，表态多调门高、行动少落实差的现象仍不同程度存在。出现这种推脱躲绕的不担当行为，既有党员干部党性修养不够的问题，也有知识欠缺、能力不足、本领不强导致“不会干”“干不了”的问题。干部是将宏伟蓝图落地落实的关键，既要有责任担当之勇，又要有破解难题之智。党员干部要在繁忙工作之余，多用一些时间静心学习、深入思考，及时更新思想观念、优化知识结构、补齐素质短板。要在游泳中学会游泳、在斗争中学会斗争，练就过硬本领、掌握科学方法，不断提高履职能力，做到德可配位、才可适岗。

知责任者，大丈夫之始也；行责任者，大丈夫之终也。当前，我国正经历着人类历史上最为宏大而独特的实践创新，社会发展日新月异。同时，外部环境愈加复杂，风险挑战更趋严峻。能否不懈努力、永久奋斗，最能体现境界，最能看出担当。年轻干部要善于洞察时与势、判断危与机、权衡利与弊，保持知重负重、攻坚克难的韧劲，以“咬定青山不放松”的定力、“一张蓝图绘到底”的坚毅，把党中央各项决策部署抓实抓细抓落地，不断开创新局面、展现新气象、实现新作为。

（欧阳奇 《人民日报》2024 年 04 月 25 日第 09 版）

一把钥匙开一把锁

习近平总书记强调："各地情况千差万别，抓落实务必实事求是、因地制宜，'一把钥匙开一把锁'。"一把钥匙开一把锁，结合实际创造性开展工作，为我们做好各方面工作提供了方法论指引。

坚持一切从实际出发，是我们想问题、作决策、办事情的出发点和落脚点。一把钥匙开一把锁，深刻体现具体问题具体分析的方法论。毛泽东同志在《矛盾论》中指出："如果不研究矛盾的特殊性，就无从确定一事物不同于他事物的特殊的本质，就无从发现事物运动发展的特殊的原因，或特殊的根据，也就无从辨别事物，无从区分科学研究的领域。"人的认识活动和实践活动，是不断认识矛盾、解决矛盾的过程。"实际"是具体的而不是抽象的。具体分析事物的矛盾及其在各个发展阶段上的特殊性，善于分析具体事物的各个方面、各个规定，形成对客观事物全面而深刻的把握，就是为了找出正确解决矛盾的方法，进而更有效地改造客观世界。

我国幅员辽阔、人口众多，各地情况千差万别。要在一个地方开创工作新局面，就不能拿一个模子去套，也不能简单照搬其他地方的经验，而必须从当地实际出发，抓住重点、突出特点，选准工作突破口，找出一条适合本地情况的路子。要开动脑筋、主动作为，紧密结合自身实际，以精准的科学方法、务实的工作作风创造性开展工作，真正让党中央决策部署落地见效。

只有结合实际认真调查研究、解决实际问题，才能拿出有力举措、取得良好效果。比如推动乡村产业振兴，就要宜农则农、宜林则林、宜牧则牧、宜开发生态旅游则搞生态旅游，真正把自身比较优势发挥好，使本地区的发展建立在自身有利条件的基础之上。陕西延安打响了苹果品牌，苹果成为名副其实的致富果、幸福果。湖南安化把黑茶作为支柱产业，走出茶旅文体康的融合发展之路。在辽宁朝阳，范杖子村建成高标准温室大棚 1400 余个，成为东北最大的甜椒生产基地之一。一村一品、一乡一特、一县一业，立足自身、因地制宜，新时代的中国乡村充满蓬勃生机和旺盛活力。

领导干部特别是“一把手”要把党中央的部署、上级的要求同本地区、本单位的实际情况结合起来，扑下身子、沉到一线，获取第一手资料，掌握真实情况，在深入调查研究的基础上提出具有针对性的举措，而不能当“收发室”“传声筒”。要充分发挥自身主观能动性，带领人民群众大胆地试、勇敢地闯，激发人民群众首创精神、释放人民群众创造活力，以富有成效的方式推动事业发展不断迈上新台阶。

（杨果 《人民日报》2024 年 03 月 21 日第 09 版）

强化精准思维，下足绣花功夫

——以主题教育为契机学方法增本领

湖南省湘西土家族苗族自治州花垣县双龙镇十八洞村，旅游产业红红火火。2013 年 11 月，习近平总书记在这里首次提出“精准扶贫”重要理念，作出“实事求是、因地制宜、分类指导、精准扶贫”重要指示。正是在精准扶贫精准脱贫基本方略的指引下，我们党团结带领人民如期打赢了脱贫攻坚战，完成了消除绝对贫困的艰巨任务，创造了又一个彪炳史册的人间奇迹。

贵在精准、重在精准，精准是我们推进各领域工作的重要思维方法和工作方法。习近平总书记强调：“要强化精准思维，做到谋划时统揽大局、操作中细致精当，以绣花功夫把工作做扎实、做到位。”新时代以来，从精准谋划、因地制宜、有的放矢推动全面深化改革向纵深挺进，不断增强改革精度，到精准有力实施宏观调控，扎实推动经济高质量发展；从聚焦教育、医疗、养老、住房等人民群众最关心的领域，精准提供基本公共服务，到坚持产业兴农、质量兴农、绿色兴农，精准务实培育乡村产业……精准思维贯穿着求真务实的精神、严谨细致的作风、精益求精的态度、担当作为的品格，是推动各项工作真正落到实处、见到实效的重要法宝。

“物之不齐，物之情也”，决定了抓工作不能大而化之、笼而统之。“千村示范、万村整治”工程是习近平同志在浙江工作时亲自谋划、亲自部署、亲自推动的重要战略举措。2003 年以来，“千万工程”持续深化，造就万千美丽乡村、造福万千农民群众，一个重要经验就是因地制宜、分类施策，根据不同地区实际情况，制定符合当地实际的乡村振兴方案，做到“千村千面”，避免“千村一面”。我们做好各领域工作，都要熟练运用精准思维想问题、作决策、办事情，承认客观差异，不搞一刀切，注重“一把钥匙开一把锁”，不能眉毛胡子一把抓。变“大水漫灌”为“精准滴灌”，立足本地区或本部门实际情况，研究制定切合实际的政策方针和务实管用的具体措施，才能提升政策的科学性、精准性，确保政策得到有效执行。

“致广大而尽精微”是成事之道。习近平总书记强调：“干事业做工作大方向要正确，重点要明确，战略要得当，同时要把控好细节，把政治经济、宏观微观、战略战术有机结合起来”。天下大事，必作于细。从细节处着手、把控好细节，是干事创业的重要方法、做好工作的内在要求。就拿城市管理来说，现代城市是一个动态、生长的生命体，复杂、开放的巨系统，交通出行、安全管理、住房保障、社区服务等方方面面都不容忽视。只有把让群众生活更舒适这一理念融入城市规划建设的血脉里、体现在每一个细节中，通过绣花般的细心、耐心、巧心提高精细化水平，方能不断提升城市的温度和品质。推进任何工作，都要认认真真做好“精准”文章，把政策对接好、落精细，把细节想周全、做到位。

唯物辩证法认为，万事万物是相互联系、相互依存的，整个世界是相互联系的整体，也是相互作用的系统。这启示我们精准施策不能只聚焦某一个环节，而要从全周期、全流程、全要素进行统筹。正所谓“针尖大的窟窿能漏过斗大的风”。无论是一体推进不敢腐、不能腐、不想腐，还是加快建设适应城镇化快速发展、城市人口密集集中特点的公共卫生体系，抑或是统筹推进重要领域和关键环节改革，都需要树立“全周期管理”意识，增强治理的系统性、整体性、协同性，强化从源头到末梢的全过程管控、全流程监督、全要素覆盖，推动各项措施在政策取向上相互配合、在实施过程中相互促进、在工作成效上相得益彰。要推动精准施策和“全周期管理”有机结合、无缝衔接、形成合力，既避免“头痛医头、脚痛医脚”，又防止“按下葫芦浮起瓢”，发挥各项政策措施和制度规章的最大效能。

当前我国发展面临的形势错综复杂，经济社会发展整体性、关联性、复杂性的特点尤为明显。学深悟透习近平新时代中国特色社会主义思想，坚持精准的科学方法、落实精准的工作要求，提高“全周期管理”的能力本领，一定能够为经济社会发展和民生改善提供科学路径和持久动力，推动中国式现代化不断取得新进展新突破。

（仲音　《人民日报》2024 年 02 月 02 日第 02 版）

坚持求真务实，按照规律办事

——以主题教育为契机学方法增本领

求真务实是中国共产党人的重要思想和工作方法。坚持一切从实际出发，是我们想问题、作决策、办事情的出发点和落脚点。

习近平总书记强调“党员干部干事创业必须实事求是、求真务实，来不得半点虚浮”，要求“从实际出发谋划事业和工作，使提出的点子、政策、方案符合实际情况、符合客观规律、符合科学精神”。当前，我国发展面临新的战略机遇、新的战略任务、新的战略阶段、新的战略要求、新的战略环境。如何推动经济实现质的有效提升和量的合理增长？如何让现代化建设成果更多更公平惠及全体人民？如何把中国式现代化宏伟蓝图一步步变成美好现实？最关键是要从习近平新时代中国特色社会主义思想中汲取智慧和力量，熟练掌握其中蕴含的领导方法、思想方法、工作方法，坚持从实际出发、实事求是，以创造性工作把党中央决策部署落到实处。

坚持求真务实，基础在于“求真”，关键在于“务实”。求真，就是认识事物的本质，探求事物发展的规律，求客观实际之真；务实，就是真抓实干，务实功、出实招、求实效，务造福人民之实。有力有效推进乡村全面振兴，产业振兴是重中之重，也是实际工作的切入点。搞一刀切、大呼隆，拿一个模子去套，甚至下指标下单子，“那样的话肯定要砸锅”。只有依托农业农村特色资源，把“土特产”这3个字琢磨透，推动乡村产业全链条升级，才能以产业振兴促进乡村全面振兴。“有多少汤泡多少馍”“一把钥匙开一把锁”，习近平总书记的话语朴实而深刻，揭示谋划发展要立足实际。各地情况千差万别，要找准在全国大局中的战略定位，立足资源禀赋和发展阶段，发挥自身优势，因地制宜、扬长补短，走出适合本地区实际的高质量发展之路。

按规律办事、按规矩做事，这是干事创业必须坚守的原则，也是坚持求真务实的题中之义。有的干部干事热情很高，但缺乏科学精神、求实态度，结果不仅没有出业绩，反而带来了一堆问题。2023 年全国两会上，习近平总书记强调：“任何时候我们都不能走那种急就章、竭泽而渔、唯 GDP 的道路。这就是为什么要树牢新发展理念。”新发展理念是一个整体，一定要在完整把握、准确理解、全面落实上下功夫。比如推进“双碳”工作，“不能把手里吃饭的家伙先扔了”，不能运动式停煤降碳。再比如“抓数字经济、虚拟经济，一定不要忘了实体经济是基础”。善于把握事物本质、把握发展规律、把握工作关键、把握政策尺度，使制定的规划和政策体系体现时代性、把握规律性、富于创造性，使各项工作朝着正确方向、按照客观规律推进，方能掌握发展主动、赢得发展先机。

形势在不断发展，任务也在不断发展，很多矛盾和问题是我们没有遇到、没有处理过的。坚持求真务实，必须自觉用新时代党的创新理论观察新形势、研究新情况、解决新问题，善于从繁杂问题中把握事物的规律性、从苗头问题中发现事物的趋势性、从偶然问题中认识事物的必然性，根据变化的情况制定自己的政策、选择工作方法。习近平总书记强调“实现第二个百年奋斗目标，我们要坚持党的基本路线，坚持以经济建设为中心，但在新形势下发展不能穿新鞋走老路”，指出“如果固守着过去的认识和经验不动，守株待兔，刻舟求剑，就难以适应变化了的实际，也难以有效推动工作”。新征程上，我们要准确识别时与势、危与机、利与弊，抓住主要矛盾和矛盾的主要方面，结合各自具体实际开拓创新，寻求有效解决新矛盾新问题的思路和办法，努力创造可复制、可推广的新鲜经验。

事必有法，然后可成。推进中国式现代化是一个探索性事业，还有许多未知领域，需要我们在实践中去大胆探索。以主题教育为契机，学深悟透习近平新时代中国特色社会主义思想，始终坚持立足实际、科学决策，坚持着眼长远、打牢基础，坚持干在实处、务求实效，把握事物发展的内在规律，积极识变应变求变，我们定能一步一个脚印把前无古人的伟大事业推向前进。

（仲音 《人民日报》2024 年 01 月 31 日第 04 版）

突出问题导向，深入调查研究

——以主题教育为契机学方法增本领

积极探索开展“民呼我为”“接诉即办”等，畅通群众意见反映渠道；从人民群众最关心最直接最现实的利益问题入手，着力办好群众关心的“关键小事”；围绕民生诉求等方面深入基层开展调研，实行问题“大起底、大排查、大整改”……主题教育开展以来，各地突出问题导向、深入调查研究，聚焦解决群众急难愁盼的痛点难点问题，把主题教育的成果转化为高质量发展的成效。

问题是时代的声音。党的十八大以来，党和国家事业取得历史性成就、发生历史性变革，其中一条很重要的经验就是坚持问题导向，把解决实际问题作为打开工作局面的突破口。“必须坚持问题导向”，正是贯穿习近平新时代中国特色社会主义思想的一个重要思想方法和工作方法。当前，我国发展进入战略机遇和风险挑战并存、不确定难预料因素增多的时期，所面临问题的复杂程度、解决问题的艰巨程度明显加大，发展不平衡不充分问题仍然突出，迫切需要我们用习近平新时代中国特色社会主义思想武装头脑、指导实践、推动工作，善于运用这一重要思想解决经济社会发展中的各种矛盾和问题，不断提出真正解决问题的新理念新思路新办法。

习近平总书记强调：“每个时代总有属于它自己的问题，只要科学地认识、准确地把握、正确地解决这些问题，就能够把我们的社会不断推向前进。”坚持问题导向，首先要承认矛盾的普遍性、客观性，敢于正视问题，善于发现问题，不回避躲闪、更不能讳疾忌医。新时代以来，从以巨大的政治勇气全面深化改革，坚决破除各方面体制机制弊端，到以前所未有的勇气和定力推进全面从严治党，打出一套自我革命的“组合拳”，再到深入打好污染防治攻坚战，集中攻克老百姓身边的突出生态环境问题……实践表明，抓住问题就找到了实践前进的突破点。对于“躲不开、绕不过”的深层次矛盾和“前进中的问题、发展中的烦恼”，只有奔着问题去、迎着矛盾上、向着难处攻，才能在回答时代问题中不断开创事业发展新局面。

调查研究是谋事之基、成事之道。通过调查研究掌握实情、抓住症结、解决问题，是习近平总书记一贯的工作方式。1988 年，习近平同志赴任福建宁德伊始，就深入基层，听民声，察实情。调研开路，实干开局，亲下基层接访，深入现场办公、协调解决问题，逐步形成“四下基层”工作制度，带领宁德党员干部群众，“滴水穿石”“弱鸟先飞”。在全面贯彻党的二十大精神的开局之年，习近平总书记深入地方考察调研，为推进中国式现代化谋篇布局。我们研究问题、制定政策、推进工作，刻舟求剑不行，闭门造车不行，异想天开更不行，必须进行全面深入的调查研究，加强科学论证，防止拍脑袋决策、拍胸脯蛮干。要深入实际摸清真实情况，把事情的真相和全貌调查清楚，把问题的本质和规律把握准确，把解决问题的思路和对策研究透彻，使制定的政策更加符合客观实际、符合群众需要。

检验调查研究成效，要看是否摸清社情民意、是否解决实际问题，这要求我们必须坚持问题导向和目标导向相结合，把“实”的要求贯穿工作全过程。习近平总书记要求广大党员干部“扑下身子、沉到一线”“把脉问诊、解剖麻雀，进行问题梳理、难题排查”，强调“既看‘高楼大厦’又看‘背阴胡同’，真正把情况摸清、把问题找准、把对策提实”。我们要把握开展调查研究“深、实、细、准、效”的“五字诀”，多到困难多、群众意见集中、工作打不开局面的地方和单位调研，哪些方面问题突出就聚焦哪些方面调研，问题出在哪个环节就重点在哪个环节调研，准确了解群众的所忧所盼。要注重调研成果转化运用，在调查的基础上深化研究，提高调研成果质量，切实把调研成果转化为解决问题、改进工作的实际举措。

历史总是在不断解决问题中前进的。我们党领导人民干革命、搞建设、抓改革，都是为了解决我国的实际问题。前进道路上，我们要从习近平新时代中国特色社会主义思想中汲取奋发进取的智慧和力量，大兴调查研究之风，不断提高运用党的创新理论研究新情况、解决新问题的能力和本领，一步一个脚印把前无古人的开创性事业推向前进。

（仲音 《人民日报》2024 年 01 月 29 日第 02 版）

第三篇

坚守初心，做锲而不舍的奉献者

办好“头等大事”，提升人民幸福成色

悠悠万事，民生为大。习近平主席在二〇二五年新年贺词中指出：“家事国事天下事，让人民过上幸福生活是头等大事。”这句话深刻体现出，让人民生活幸福是“国之大者”，国家的各项工作，都要以实现人民的幸福生活为根本出发点和落脚点。

人民性是马克思主义最鲜明的品格。中国共产党自诞生之日起，就把“人民”二字铭刻在心，把所有精力都用在让老百姓过上好日子上。毛泽东同志把党群关系比作鱼水关系，强调“我们共产党人好比种子，人民好比土地”“我们这个队伍完全是为着解放人民的，是彻底地为人民的利益工作的”。“全心全意为人民服务”被写进党章。从“打土豪、分田地”让农民有了自己的土地，到新中国成立，人民真正成为国家的主人，中国始终朝着让人民幸福的方向迈进。

人民群众是历史的创造者。把“让人民过上幸福生活”视为头等大事，是对人民主体地位的坚守与彰显。党的十八大以来，以习近平同志为核心的党中央坚持以人民为中心的发展思想，把人民对美好生活的向往作为奋斗目标，为增进民生福祉行之笃之。2014 年至 2025 年，在 12 年的新年贺词中，习近平主席共提到“人民”95 次。中国共产党人夙夜在公、拼搏奉献，就是要“把人民的期待变成我们的行动，把人民的希望变成生活的现实”。发展向前，民生向暖。新时代以来，从深化户籍制度改革到加快推进政务服务“跨省通办”，从推进医药集中采购改革到实施居家和社区养老服务改革，从推动老旧小区改造到农村“厕所革命”……我们党始终站在人民立场谋思路、定举措，老百姓的日子越来越有奔头、有盼头。过去一年里，基础养老金提高了，房贷利率下调了，直接结算范围扩大方便了异地就医，消费品以旧换新提高了生活品质……这些“家事”连着“国事”，正是新时代人民群众幸福生活的生动演绎。

一切为民者，则民向往之。习近平同志在《之江新语》中讲述了这样一个故事：在一个偏僻的小村庄，村党支部书记郑九万病了，一天之内村民自发筹集了数万元手术费为他治病，甚至表示“就是讨饭了也要救他”，因为郑书记心里装着群众，真心实意地为人民群众做好事、办实事、解难事。可见民心是杆秤，只有顺民意、得民心、为民谋利的党员干部，才能得到人民群众的拥护和支持。我们要学习焦裕禄“心中装着全体人民、唯独没有他自己”、谷文昌“不带私心搞革命，一心一意为人民”、杨善洲“只要生命不结束，服务人民不停止”的精神，牢固树立正确政绩观，围绕群众的操心事、烦心事、揪心事实实在在干，干一件是一件，干一件成一件，不断提升人民幸福成色。

办好“头等大事”，要把握好几组关系。把握好“关键少数”和“绝大多数”的关系。各级领导干部是办好“头等大事”的组织者、指挥者、决策者和实践者，要带头做表率、当好“领头雁”，带领群众脚踏实地、拼搏实干，把群众智慧转化为做好工作的具体举措，一步一个脚印推动各项事业发展。把握好当前和长远的关系。党员干部要以百姓心为心，多想想哪些方面工作同群众期盼还存在差距，对于群众反映强烈的急难愁盼问题，不等不拖、立行立改，对于一时解决不了的问题，也要列出时间表，久久为功、持续用力，真正把好事实事做到群众心坎上。把握好大与小的关系。有的党员干部存在“事小而不为”的想法。然而，何为大，何为小？看一件事情的大小，不能只看其形式和规模，而要站稳人民立场，从群众切身需要来考量。民生工作千头万绪，看似细微具体的小事，实则是关乎民心向背、社会和谐稳定的大事，因此，有利于百姓的事再小也要做。

让人民过上幸福生活没有终点，只有连续不断的新起点。新征程上，我们要始终与人民群众心心相印、命运与共，办好“头等大事”，千方百计把老百姓身边的大事小事解决好，一件接着一件办，一年接着一年干，不断把人民群众对美好生活的向往变为现实。

（暨佩娟 《人民日报》2025 年 02 月 13 日第 09 版）

良心、初心与民心

日常生活中，总能听到这样一些话，“做人要有良心”“凭良心做人、凭良心办事”。良心为何重要？因为这里面蕴藏着中国人的道德哲学。

电视专题片《反腐为了人民》披露了山东省政协原党组成员、副主席孙述涛案件细节，令人警醒。信奉“数字出官、官出数字”的孙述涛，在担任市委书记期间，制定脱离当地实际的虚高目标并向下传导压力，导致有关单位统计造假、严重虚报。面对镜头，他如此忏悔：“作假，说白了叫没良心。”

良心者，良善之心也。恻隐之心、羞恶之心、恭敬之心、是非之心，人皆有之，这是古人对人之为人的道德判断。党员干部首先要有良心，如果连良心这个“闸门”都失守了，私心和贪欲就会一泻千里，行为就会失去底线，什么胆大妄为、违法乱纪的事都干得出来。结果不仅害了自己，更连累一地发展。即便事后“良心发现”，也悔之晚矣。

对于党员干部而言，为人做事，显然不能止于良心良知。良心可以成为衡量行为的标尺，但只是底线，还要以更高的标准来严格要求自己。把民心作为一杆秤，既用来称一称有没有做人的基本良心，又用来量一量有没有为百姓服务的初心。

“窑洞医生”路生梅扎根基层医院，一干就是 50 多年。从青春芳华到鬓染霜花，始终不变的是一颗守护人民健康的医者仁心。西藏日喀则地震救援争分夺秒，党员先锋队挑重担、打头阵。“有你们在，我们就安心了。”党员干部成为灾区群众的主心骨和贴心人。

人们常说“政声人去后，民意闲谈中”，这民意正是民心。许多党员干部以“金杯银杯不如百姓的口碑”自勉，苦干实干，坚守的是初心，赢得的是民心。为官一任，如果不能为百姓办实事，而是弄虚作假、欺上瞒下，甚至走上违法犯罪道路，不仅不得民心、有愧初心，也必定良心难安。

正所谓初心易得、始终难守。不少贪污腐败分子自述，加入党组织之初大多怀着为人民服务的赤诚之心，也都立志满腔热血为党和人民事业而奋斗。但为何他们官位高了、权力大了，反而脱离群众、滑入深渊？说到底是忘了初心、丢了良心，在与虚荣心、功利心等的较量中败下阵来。

对于党员干部来说，无愧良心、不负初心，加强党性修养，始终为民造福，必然赢得民心。今天，改革发展稳定任务更加艰巨繁重，解决好百姓急难愁盼问题尤需用心用力。时刻自重自省自警自励，做知行合一的行动派，方能以实绩实效造福于民、取信于民。

（桂从路　《人民日报》2025 年 01 月 22 日第 04 版）

改革必须坚持以人民为中心

国家主席习近平在二〇二五年新年贺词中指出："中国式现代化的新征程上，每一个人都是主角，每一份付出都弥足珍贵，每一束光芒都熠熠生辉。"人民是历史的创造者，群众是真正的英雄。为什么人、靠什么人的问题，是检验一个政党、一个政权性质的试金石。我们党没有自己特殊的利益，党在任何时候都把群众利益放在第一位。这是我们党作为马克思主义政党区别于其他政党的显著标志。党的二十届三中全会《决定》将"坚持以人民为中心"作为进一步全面深化改革的重大原则之一，彰显了进一步全面深化改革的根本立场和价值取向。深入学习贯彻习近平总书记关于全面深化改革的一系列新思想、新观点、新论断，必须牢牢把握改革必须坚持以人民为中心，以促进社会公平正义、增进人民福祉为出发点和落脚点，以改革之举、改革之力、改革之效，真正让人民群众在改革中不断增强获得感、幸福感、安全感。

改革取向顺应人民期待

在二十届中共中央政治局常委同中外记者见面时，习近平总书记郑重宣示："想人民之所想，行人民之所嘱，不断把人民对美好生活的向往变为现实。"我们深入学习党的二十届三中全会《决定》会发现，像"完善学生实习实践制度""支持用人单位办托、社区嵌入式托育、家庭托育点等多种模式发展"等大大小小的群众身边事、贴心事、具体事，也写入了党中央文件，融入国家发展的顶层设计，以人民为中心的发展思想在进一步全面深化改革中绽放更加耀眼的光芒。进一步全面深化改革，必须领会好改革意图，把握准改革指向，顺应人民期待，倾听人民心声，回应人民关切，真正做到人民有所呼、改革有所应。

顺应人民期待就要坚持人民性这个马克思主义本质属性。习近平总书记指出："人民对美好生活的向往就是我们的奋斗目标，抓改革、促发展，归根到底就是为了让人民过上更好的日子。"党的十八大以来，以习近平同志为核心的党中央在就业、教育、医疗、托育、养老、住房等人民群众最关心最直接最现实的利益问题上，持续推进重点领域改革。比如，户籍制度改革打破多年城乡壁垒，让 1.4 亿农业转移人口落户城镇；个人所得税改革着力惠及民生，2.5 亿人税收负担明显减轻；医药卫生体制改革推进国家组织药品和高值耗材集中采购和使用，医药费用过快增长势头得到初步遏制……新时代以来，各方面推出的 2000 多个改革方案涉及衣、食、住、行等各个环节，一个大写的"人"字贯穿始终，充分彰显了改革的逻辑起点、价值旨归。

顺应人民期待就要不断满足人民群众对美好生活的向往。党的十八大以来，全面深化改革取得重大实践成果、制度成果、理论成果。我国国内生产总值从 2012 年的 54 万亿元增长到 2023 年的 129 万亿元，稳居世界第二位；2023 年人均国内生产总值接近高收入国家门槛；打赢脱贫攻坚战，历史性地解决了绝对贫困问题；建成世界上规模最大的教育体系、社会保障体系、医疗卫生体系，推动全体人民共同富裕迈出坚实步伐，人民生活品质不断提高。但是，城乡区域发展和收入分配差距仍然较大，幼有所育、学有所教、劳有所得、病有所医、老有所养、住有所居、弱有所扶等民生保障方面仍存在不少难题。从"有没有"到"好不好"，老百姓关心什么、期盼什么，改革就要抓住什么、推进什么，以改革来打破"不平衡不充分的发展"的制约。

顺应人民期待就要落实在发展中保障和改善民生这一中国式现代化的重大任务。党的二十届三中全会《决定》聚焦提高人民生活品质，就完善收入分配制度、完善就业优先政策、健全社会保障体系、深化医药卫生体制改革、健全人口发展支持和服务体系等作出一系列重要部署。进一步全面深化改革，就要以促进社会公平正义、增进人民福祉为出发点和落脚点，多推出一些民生所急、民心所向的改革举措，多采取一些惠民生、暖民心、顺民意的实招实事，把改革的含金量充分体现出来，让人民群众可感可及、得到实惠。

改革举措充分吸纳民意

习近平总书记指出："改革开放在认识和实践上的每一次突破和深化，改革开放中每一个新生事物的产生和发展，改革开放每一个领域和环节经验的创造和积累，无不来自亿万人民的智慧和实践。"只有充分尊重人民主体地位和首创精神，进一步全面深化改革才能充分激发人民群众的积极性、主动性、创造性。

改革是人民群众自己的事业，必须充分吸纳民意。我们党一直坚持从群众中来、到群众中去，把马克思主义认识论、群众观具体体现在科学思想方法、工作方法上。比如，就研究吸收网民对党的二十大相关工作意见建议，习近平总书记作出重要指示，强调这是"全党全社会为国家发展、民族复兴献计献策的一种有效方式，也是全过程人民民主的生动体现"；2023 年 11 月底，党中央下发通知，就党的二十届三中全会议题在党内一定范围征求意见，同时通过一定方式征求部分党外人士意见和建议，不久后，带着对党情国情世情的调研思考，凝结着各方面的智慧，111 份意见和建议从四面八方汇集而来；等等。这些都是广泛听取群众意见建议的生动实践。正是因为始终坚持开门问策、集思广益，改革才得到人民的拥护支持，激发出人民的无穷力量。

充分吸纳民意，需要每个党员干部特别是领导干部坚守想人民之所想、行人民之所嘱的鲜明立场。人民群众对实践变化感知最敏感、感受最深切。离基层越近，同群众越亲，越能体会群众的所急所盼是什么，越能发现问题的症结在哪里，提出的对策也就更有针对性，拿出的办法也就更符合实际。从深入天寒地冻的太行山深处，顶风冒雪看真贫；到走进河北保定受灾群众家中，看温度计、摸暖气片，感受百姓冷暖；再到在湖南常德沿着田边小道，同种粮大户、农技人员、基层干部一笔一笔算投入产出账……新时代以来，习近平总书记总是把人民的所思所盼、安危冷暖装在心里，融入国家发展的顶层设计中。党员干部特别是领导干部要大兴调查研究，走好新时代党的群众路线，把社会期盼、群众智慧、专家意见、基层经验充分吸收到改革举措中来，围绕解决突出矛盾设置改革议题，优化重点改革方案生成机制；充分发挥民主民意表达平台和载体的重要作用，自觉问计于基层、问计于群众，运用大数据、云计算、人工智能等新技术新手段，不断拓展吸纳民意、汇集民智的途径和方法，真正把人民的智慧、人民的探索、人民的创造转化为进一步全面深化改革的强大动力。

充分吸纳民意，必须加强制度保障。“小智治事，大智治制”，制度是管根本、管长远的。党的二十届三中全会《决定》提出“健全吸纳民意、汇集民智工作机制”，这是加强人民当家作主制度建设的重要内容，是对人民立场、人民利益、人民力量的充分彰显和生动印证。要运用好人民代表大会制度这个全过程人民民主的重要制度载体，完善人大代表联系群众制度，通过基层立法联系点、人大代表之家、人大代表联络站等平台，积极反映人民群众的意愿呼声；要善于从人民群众的实践创造和发展要求中完善政策主张，让越来越多来自基层的声音直达各级决策层，越来越多的群众意见转化为党和政府的重大决策；要加强同基层群众面对面交流，把群众的“金点子”转化为推进改革发展的“金果子”。

改革过程组织人民参与

没有人民支持和参与，任何改革都不可能取得成功。在总结新时代全面深化改革取得历史性伟大成就时，习近平总书记深刻指出：“这是一场人民广泛参与的深刻变革。”人民广泛参与，深刻诠释着人民是历史的创造者，是决定党和国家前途命运的根本力量。

每个人既是改革的受益者，也是改革的参与者。最深刻的变化在于人，最根本的利益归于人，最强大的动力源于人。从“两弹一星”精神、焦裕禄精神，到脱贫攻坚精神、企业家精神；从帮扶干部倾力奉献，以东西部协作促进区域协调发展，到大国工匠精益求精，让中国制造闪耀世界；从上海中心大厦为4000多名建设者设立荣誉之墙，到广东东莞地标建筑亮灯致敬平凡善良的劳动者；从“我是党员我先上”的逆行出征，到“请党放心、强国有我”的青春誓言、“清澈的爱、只为中国”的深情告白……“人”是进一步全面深化改革、推进中国式现代化最强大底气，亿万人民以“国家的主人、社会的主人、自己命运的主人”的使命感和责任感，知难而进、发愤图强，书写下勇于担当、推进改革的动人篇章。

进一步全面深化改革，必须充分激发人民群众的积极性、主动性、创造性。“用众人之力，则无不胜也”。习近平总书记强调：“改革是人民群众自己的事业，要全体人民共同参与，团结一致攻坚克难。”党的二十届三中全会提出300多项重要改革举措，涵盖经济、政治、文化、社会、生态文明等多个领域，每一项都关乎人民群众的切身利益。这就要求我们加强面向基层和群众的宣传解读，引导全社会正确理解党中央的战略考量，正确理解各项改革举措的现实意义、目标指向，以凝聚共识，筑牢全党全社会推进改革的思想基础、群众基础，推动亿万群众满腔热忱投身改革、万众一心支持改革、齐心协力推动改革，激发进一步全面深化改革的“总的合力”。

改革成果由人民共享

习近平总书记指出：“我们党推进全面深化改革的根本目的，就是要促进社会公平正义，让改革发展成果更多更公平惠及全体人民。”改革成果由人民共享，彰显了以人民为中心的发展思想和人民至上的价值理念。

改革成果由人民共享是坚定改革指向的必然要求。不断满足人民对美好生活的向往没有终点。让人民生活幸福是“国之大者”，也是改革开放事业的奋斗目标。着眼于实现人民美好生活、促进社会公平正义、推动共同富裕，党的二十届三中全会《决定》从人民整体利益、根本利益、长远利益出发谋划和推进改革，积极回应人民群众新要求新期待，对解决人民群众反映强烈的突出问题作出战略部署。正是因为我们党做到了改革为了人民、改革依靠人民、改革成果由人民共享，改革开放事业才底气坚实、动力强劲、前景光明，以不断造福亿万人民赢得人民群众衷心拥护。

改革成果由人民共享是评定改革成效的根本标准。习近平总书记强调：“改革发展搞得成功不成功，最终的判断标准是人民是不是共同享受到了改革发展成果。”人民的获得感，体现着改革的含金量。党的十八大以来，全面深化改革从人民群众反映最强烈的问题入手，大到医疗、教育等重大领域改革，细到身份证异地受理、婚姻登记“跨省通办”等便民服务，影响人民群众切身利益的就业、教育、医疗、社保、住房、养老、食品安全、生态环境、社会治安等问题不断得到解决。在进一步全面深化改革中，既要坚持尽力而为，也要坚持量力而行，把各项改革工作做扎实、做到位；既要做好做大“蛋糕”，也要进一步分好“蛋糕”，让改革发展成果更多更公平惠及全体人民，扎实推进全体人民共同富裕。

以实绩实效当好进一步全面深化改革的坚定行动派、实干家

党的二十届三中全会《决定》专门强调“以钉钉子精神抓好改革落实”，要求“对党中央进一步全面深化改革的决策部署，全党必须求真务实抓落实、敢作善为抓落实”。进一步全面深化改革的蓝图已经绘就、号角已经吹响，最紧要的任务就是抓好改革落实。党员干部要当好坚定的行动派、实干家，让每一项改革举措落到实处、见到实效，实现人民对美好生活的向往。

以时时放心不下的责任感，奋力打开改革发展新天地。习近平总书记在

十八届中央纪委五次全会上说："我在地方工作时，逢年过节都得值班，生怕出了什么事"；2022年在海南考察时说："有位革命前辈曾说过这样的话，'时时放心不下'。我听了很有共鸣。"时时放心不下，体现了坚定不移的党性、初心使命的坚守、守土尽责的担当，是务实作风的具象化。书写进一步全面深化改革这一实践续篇和时代新篇，把"全景图"转换为"实景图"，要求党员干部自觉把改革的责任装在心中、扛在肩上，时常问一问自己的责任尽到了吗？该干的干好了、干优了吗？真正做到直面矛盾问题不回避，铲除顽瘴痼疾不含糊，应对风险挑战不退缩。

着力解决乱作为、不作为、不敢为、不善为问题。解决"乱作为"问题，关键是要加强正确政绩观教育，改进政绩考核，推动领导干部在"实"字上下功夫，察实情、出实招、求实效，步步为营、稳扎稳打，坚决防止和克服形式主义；在"长"字上下功夫，谋长远、谋未来，以"功成不必在我"的精神境界、"功成必定有我"的历史担当，持续发力、善作善成；在"勇"字上下功夫，勇于触碰深层矛盾问题，勇于突破利益固化藩篱，以敢为人先、敢于斗争的勇气，以事不避难、义不避责的决心，创造经得起实践、人民、历史检验的业绩。解决"不作为"问题，关键是要落实和完善《推进领导干部能上能下规定》，推动形成能者上、优者奖、庸者下、劣者汰的良好局面。解决"不敢为"问题，关键是要落实和完善"三个区分开来"具体办法，正确看待干部在履职中的失误和错误，把从严管理监督和鼓励担当作为高度统一起来，旗帜鲜明为担当者担当、为负责者负责、为干事者撑腰。解决"不善为"问题，关键是要坚持以习近平新时代中国特色社会主义思想凝心铸魂，健全常态化培训特别是基本培训机制，认真落实领导班子读书班、"第一议题"、专题党课、专题研讨等具体制度，推动党员干部特别是领导干部把握好习近平新时代中国特色社会主义思想的世界观和方法论，坚持好、运用好贯穿其中的立场观点方法，真正把学习成效转化为立足岗位进一步全面深化改革、推进中国式现代化的实际行动；大力锻造堪当民族复兴重任的高素质干部队伍，鲜明树立选人用人正确导向，做深做实政治素质考察，大力选拔政治过硬、敢于担当、锐意改革、实绩突出、清正廉洁的干部，推动干部保持以政治能力为前提、以专业能力为基础、以战略思维和专业思维为媒介、以领导能力和专业精神为支撑的特质；加强干部思想淬炼、政治历练、实践锻炼、专业训练，完善“原理学理哲理加案例”的培训交流机制，全面提高干部现代化建设能力。

健全层层压实责任、层层狠抓落实的工作机制。习近平总书记2024年10月在福建考察时强调：“衡量干部业绩好不好，关键要看老百姓口碑好不好。各级领导干部要向谷文昌同志学习，树牢正确政绩观，为官一任、造福一方，真抓实干、久久为功，把丰碑立在人民群众心中。学习谷文昌同志，不仅要高山仰止，还要见贤思齐，像他那样做人、为政。”进一步全面深化改革，关键在干、在实干。广大党员干部特别是领导干部要紧密结合工作职责，把改革任务落细落小落实，明确责任、跟踪问效，以责促行、以责问效。讲责任、负责任，再大的困难也会想出办法去克服。要聚焦问题、解决问题。问题是时代的呼声，是事物矛盾的表现形式，也是改革的逻辑起点。要强化问题意识、坚持问题导向，着力解决制约高质量发展的堵点问题、影响社会公平正义的热点问题、民生方面的难点问题、党的建设的突出问题、各领域的风险问题，并不断在改革实践中发现问题、完善举措、纠正偏差，让“问题清单”成为“成果清单”，以改革实效书写不负人民的改革答卷。

（臧安民 《人民日报》2025年01月06日第09版）

把群众“心上事”变成干部“上心事”

城市公共设施的设计和使用，考验着治理者的智慧。这段时间，两则关于城市公共设施的“小事”引发许多网友共鸣。

一则是，在综艺节目上被视障演员“吐槽”后，广东省深圳市福田区拆除了不锈钢盲道，新装了更为安全防滑的水泥材质盲道，并给出全区解决问题的时间表，力求高效消除安全隐患。

另一则是，上海市中心的一个街道启动“美丽街区”改造，在征求居民意见后，把口袋公园原设计中的矮桌改成座椅，还根据老年居民的反馈，将座椅高度比通常设计降低了 5 厘米。

城市是人民的城市，城市的核心是人。两件“小事”之所以引来点赞，正在于都是从群众实际需求、实际感受出发解决问题，让人感受到了城市的温度。既注重公共设施外在的“面子”，又注重人性化和精细化的“里子”，彰显的正是“人民城市人民建，人民城市为人民”的内涵。

中国式现代化，民生为大。民生从来都不是抽象的概念，而是由无数琐事组成，由数不尽的细节体现，一点一滴、一桩一件都连着民心民意。暖气热不热、买菜便不便利、小区环境整不整洁等，这些民生“小事”，实际上都是关系群众生活品质和幸福指数的大事。群众的信任度、认可度和满意度，就是从一件件“小事”、一个个生活细节中累积起来的。从这个意义上讲，百姓事，无小事，小事情里也有大政治。

2024 年 12 月在中共中央政治局召开的民主生活会上，习近平总书记指出："明年改革发展稳定任务十分繁重，各级领导干部要深入基层、深入群众，加强调查研究，弄清楚人民群众的急难愁盼，弄清楚基层亟待解决的突出问题，有针对性地研究加以解决。"这两个"弄清楚"恰是真正办好百姓事的大前提。

在浙江嵊州市，三江街道丹桂社区招募了 140 多位"民情观察员"，同时还设立"民情角"等 200 余处民情征集点。民事一起想、一起议，让更多社区治理难题得到及时解决，邻里关系变得更和谐。各地情况千差万别，嵊州只是提供了一种思路、一个办法。

要把两个"弄清楚"落到实处，关键在于"深入基层、深入群众"，和群众坐在一条板凳上，决不能浮在面上、走马观花，或是身入而心不入。赢得群众信任，群众才会把心里话唠出来。

要把好事实事办到群众的心坎上，真正赢得百姓的心，还必须着眼于解决问题，既从"点"上给出具体的解决办法，又从"面"上找到解决同类问题的思路举措。

实践一再告诉我们，只有始终把群众的冷暖放在心上，既善于换位思考，设身处地从群众的角度想问题、作决策、办事情，让群众"盼的事"成为手中"干的事"，又有精细化思维和"绣花"功夫，不因事烦而畏难、不因事小而不为，才能把好事办好、实事办实、难事办妥。

大处着眼、小处着手，把群众"心上事"变成干部"上心事"，定能答好民生答卷。

（周珊珊　《人民日报》2025 年 01 月 02 日第 04 版）

做好群众工作要善于换位思考

习近平总书记强调："善于换位思考，走进群众，真诚倾听群众呼声、真实反映群众愿望、真情关心群众疾苦，准确了解群众的所忧所盼。"我们党靠群众工作起家，对于党员干部来说，做好群众工作是一项基本功。新征程上，筑牢改革的群众基础，做好群众工作至关重要。如何做好群众工作？一个基本方法就是善于换位思考。

每个人学习、工作、生活经历各不相同，思维也就不可避免存在差异。经常进行换位思考，设身处地地从他人立场和角度出发思考问题，才能更好理解对方的想法和感受，避免思维上的局限性。当前，群众工作任务重、头绪多，不少党员干部都存在这样的困惑：如何努力让手中"干的事"成为群众"盼的事"，真正把工作做到群众心坎上？事实上，很多时候只要善于换位思考，换条板凳坐坐，多从群众视角看问题、想问题，把屁股端端地坐在老百姓的这一面，就能更好地为群众办实事、解难题，把工作做到群众心坎上。

善于换位思考并不是深奥晦涩的大道理，但真正落实起来却不是件容易的事。实践中，有的党员干部不愿换位思考、不善换位思考，做起群众工作来缺少真情。有的党员干部在工作中不能俯下身，总是以管理者的姿态面对群众，缺乏同群众换位思考的意识和意愿，总和群众隔着一层。有的党员干部虽然懂得同群众换位思考的重要性，但经验不足、办法不多，同群众搭不上话、坐不到一条板凳上，导致实际做的和群众要的存在偏差和温差。党的二十届三中全会《决定》提出："坚持以人民为中心，尊重人民主体地位和首创精神，人民有所呼、改革有所应，做到改革为了人民、改革依靠人民、改革成果由人民共享”。做到坚持以人民为中心，以百姓心为心，就要在换位思考上下功夫，准确了解群众的所忧所盼，而不能搞包办代替，简单用改革决策者的所思所想代替群众的所忧所盼。这样才能真正落实好党的二十届三中全会《决定》提出的“走好新时代党的群众路线，把社会期盼、群众智慧、专家意见、基层经验充分吸收到改革设计中来”。

做到善于换位思考，要树立马克思主义群众观点。一些党员干部不愿换位思考、不善换位思考，归根结底还是群众观点没有树牢，总以为自己学历高、职位高、见识广，自己的看法要比群众高明，自己的想法就能代表群众的意愿。唯物史观告诉我们，人民群众是社会物质财富和精神财富的创造者，是社会变革的决定力量，在推动历史发展过程中起着决定性作用。党员干部要充分尊重人民群众的主体地位和首创精神，真心拜人民为师，诚心向人民学习，虚心向人民求教，把群众智慧转化为做好工作的具体举措，把群众的好点子转化为改革发展的“金果子”。

做到善于换位思考，要强化宗旨意识。党员干部做工作，说到底是为了更好服务群众、更好为民造福。要不断强化宗旨意识，设身处地为群众着想，真正把群众的“心上事”变成自己的“上心事”，以真心实意、将心比心取得群众信任。要通过换位思考，及时准确了解群众所思、所盼、所忧、所急，避免闭门造车、坐而论道，将工作发力点和群众关切点精准对接。要在“换位”中不断补短板、强弱项，根据群众需求及时调整工作方法，多想一想工作哪里不到位，哪些方面同群众所期所盼还存在差距，及时把“问题清单”转化为责任清单、任务清单，努力解决好就业、增收、入学、就医、住房、办事、托幼养老以及生命财产安全等一系列群众急难愁盼问题，让群众有更多获得感、幸福感、安全感。

（周廷勇 《人民日报》2024 年 11 月 12 日第 09 版）

把丰碑立在人民群众心中

一名领导干部，可以在群众心中有怎样的分量？在福建漳州市东山县流传的两句话可为佐证："看见木麻黄，想起谷文昌""先祭谷公，后拜祖宗"。

习近平总书记多次提到谷文昌，称赞他"一心一意为老百姓办事"，是"实事求是的典范"。2024 年 10 月 15 日，习近平总书记来到谷文昌纪念馆参观，叮嘱"各级领导干部要向谷文昌同志学习，树牢正确政绩观，为官一任、造福一方，真抓实干、久久为功，把丰碑立在人民群众心中"。

谷文昌是东山县委原书记，一位造福了东山人民的共产党人。他立下"不治服风沙，就让风沙把我埋掉"的铮铮誓言，带领群众在 141 公里的海岸线上筑起一道"绿色长城"，硬是治服了"神仙都难治"的风沙，让海岛换了天地，让百姓换了人间。如今，谷文昌去世已经 43 年，仍被东山人民牢牢记在心间。

"焦裕禄、杨善洲、谷文昌等同志是县委书记的好榜样"。一个名字就是一座丰碑。他们的事迹，已经深深地镌刻在曾经奋斗过的土地上；他们的形象，也永远树在了人民群众心中。榜样是看得见的哲理，优秀共产党人的奋斗深深启迪我们：衡量一个干部好不好，关键看老百姓口碑好不好。

好口碑，来自为民造福、心底无私的初心。当干部就要干事，就要创造业绩。这里的关键就是树立正确政绩观，解决好为谁创造业绩、创造什么样的业绩、怎样创造业绩的问题。焦裕禄，呕心沥血、百折不挠，换来兰考泡桐成林，汇聚"千顷澄碧"；杨善洲，在任时造福一方，建起"滇西粮仓"，退休后情系桑梓，留下一片绿洲。他们用生命践行着“共产党就是为人民服务的，就是为老百姓办事的”。以造福人民为最大政绩，才能具有强大的感召力，获得群众真诚的褒奖。

好口碑，来自扑下身子、一抓到底的实干。要把好事办好、实事办实、难事办妥，首先要摸清楚“老百姓关心的事”是什么。供暖季暖气热不热，多到群众家里看一看；群众办事是否方便，多到服务大厅转一转；特色农产品销路畅不畅，多到田间地头走一走……扑下身子、深入一线，听民声、察实情，就能找到为民服务的用力方向，也能找到解决问题的办法。看准了就抓紧干，干一件成一件，让老百姓感受到实实在在的变化，才能具有强大的凝聚力，始终和人民想在一起、干在一处。

好口碑，来自锲而不舍、久久为功的担当。造福人民，既需要做显功，也需要做潜功。一代代林场建设者接续奋斗，塞罕坝由“黄沙遮天日，飞鸟无栖树”的茫茫荒漠，变成世界面积最大的人工林场；“当代愚公”黄大发，历时 30 余年带领群众在悬崖绝壁上开凿出一条“生命渠”，解决了当地的缺水问题……他们像谷文昌一样，为长远计、为子孙谋，以尺寸之功积千秋之利。群众的眼睛是雪亮的，时间是公平的裁判，只有涵养“功成不必在我、功成必定有我”的境界，一张蓝图绘到底，才能具有强大的影响力，留下不朽的政声和功绩。

天地之间有杆秤，人民心里有本账。常怀赤子之心，恪守为民之责，真正干出有益于党和人民事业发展的实事、真正创造经得起历史检验的实绩，就一定会得到人民群众的拥护和爱戴。

（金正波　《人民日报》2024 年 10 月 23 日第 04 版）

乐于和群众打交道

群众路线是党的根本工作路线。当前，党员干部的宗旨意识、群众观念不断强化，党群干群关系更加密切，但也存在一些需要注意的问题。习近平总书记深刻分析了一些干部在贯彻党的群众路线方面存在的问题，其中之一就是“有的不愿和群众打交道，怕同群众接触惹事上身、怕跟群众交流脱不开身、怕为群众办事麻烦缠身”。领导干部要想更好联系服务群众、宣传教育群众、组织凝聚群众，首先要乐于和群众打交道。

乐于和群众打交道，关键在于一个“乐”字。自觉主动走到群众中间，和群众想在一起、干在一起，积极为群众排忧解难，这些都是乐于和群众打交道的表现。乐于和群众打交道的干部，会觉得跟群众贴得越近，内心就越充盈踏实，工作起来就越得心应手。而与“乐”不同的则是“怕”。现实中，有的干部害怕和群众打交道，怕惹事上身、脱不开身、麻烦缠身。害怕和群众打交道，就容易产生形式主义、官僚主义。比如，调研时“坐着小车转一转，隔着玻璃看一看”，不敢真正深入群众；端起“官架子”，居高临下、颐指气使。不愿和群众打交道，害怕走到群众中去，有群众工作能力不足等原因，但究其根本是宗旨意识、群众观念淡薄，对群众缺乏感情。心系群众鱼得水，背离群众树断根。基层很多问题的出现，都与一些干部躲着群众、不愿和群众打交道有关。只有乐于和群众打交道，才能把群众工作做扎实做出成效。

思想是行动的“总开关”。是不是乐于和群众打交道，取决于能否解决好“我是谁、为了谁、依靠谁”的问题。习近平总书记强调：“共产党的干部要坚持当‘老百姓的官’，把自己也当成老百姓，不要做官当老爷”。杨善洲在任职云南保山地委书记期间，几十年如一日，走遍村庄、踏遍山梁，和群众一起劳动，被大家亲切地称为“草帽书记”。“杨善洲，杨善洲，老牛拉车不回头，当官一场手空空，退休又钻山沟沟”，至今当地的人们还常唱起这首歌谣来怀念他。领导干部无论身处什么岗位，都要把自己当成群众的一员，把群众当作亲人，把群众的事当成自己的事，真心实意关心群众。解决好“我是谁、为了谁、依靠谁”的问题，自然就不会把和群众打交道当成麻烦、包袱，就能够跟群众打好交道、打成一片。

当前，群众诉求更加多样，群众工作对象更加多元，群众工作环境更加复杂。不可否认，群众工作中的有些问题解决起来确实比较繁琐、比较棘手，但这并不能成为领导干部躲着、拖着、不敢与群众打交道的理由。躲着、拖着，只会把小事拖大、大事拖炸。共产党人就是要为群众解决急难愁盼问题的，就是要在解决群众的问题中实现好、维护好、发展好群众利益的，这是领导干部应有的担当。习近平同志在正定工作时就常常把桌子往大街上一摆，坐在那里听取群众意见，解决了很多上访问题，也真实了解了民情民意。矛盾问题越是复杂棘手，领导干部越要挺身而出，要敢于为解决群众的问题动真碰硬，出实招、求实效，为群众排忧解难。是不是真心用心为群众办事，群众能够感受得到。那些事不避难、义不逃责地为群众办实事、办好事的领导干部，自然会赢得群众的认可和尊敬。

练就过硬的群众工作本领，才能增强乐于和群众打交道的底气。群众工作本领不是生来就有的，也不会随着年龄、职务的增长自然增强，它来自联系服务群众的实践。从这个意义上说，只有在与群众经常打交道中才能学会如何与群众打交道。领导干部要常下基层、常到一线，既要增强与群众共情的能力，善于用家常话交流，拉近与群众的距离，感受群众的喜怒哀乐，成为群众倾吐心声的“知心人”；也要增强与群众共事的能力，带领群众一起苦干实干，增进民生福祉，成为群众奔向美好生活的“领路人”。

（王志立 《人民日报》2024 年 10 月 23 日第 13 版）

从群众切身需要来考量好事实事

中国式现代化，民生为大。为老百姓谋福祉，给老百姓以实惠，把好事实事做到群众心坎上，是党员干部践行党的宗旨的必然要求。但在现实中，一些地方和部门所办的好事实事，群众并不买账。习近平总书记指出："什么是好事实事，要从群众切身需要来考量，不能主观臆断，不能简单化、片面化。"从群众切身需要来考量好事实事，这是把好事办好、实事办实的基础。

怎样算是为群众办好事实事？有的党员干部认为就是给钱给物，有的党员干部认为就是跑项目跑资金。这些理解并不全面，存在简单化、片面化倾向。为群众办好事实事是多方面的，习近平总书记强调必须明确好事实事的概念，"扶持经济发展，帮助群众富裕起来是好事实事；弘扬社会正气，打击'害群之马'，丰富群众业余生活，创造良好社会环境，也是好事实事；解决群众衣食住行之苦、生老病死之需，是好事实事；甚至远处僻土深山的群众买不到灯泡、肥皂之类针头线脑的小事，得到我们的关心解决，也是好事实事。"这启示我们要拓宽视野、打开思路，全面辩证理解好事实事。既要着眼物质生活为群众办好事实事，又要着眼精神文化生活为群众办好事实事；既要办好群众关注的大事，又要办好群众关心的小事；既要办好眼前的事情，又要办好事关长远的事情。归根结底，哪里有人民需要，哪里就能做出好事实事，哪里就能创造业绩；业绩好不好，要看群众实际感受，由群众来评判。

一些党员干部存在"事小而不为"的倾向。事实上，涉及千万人的小事，就是大事。"'国之大者'就是人民的幸福生活""有利于百姓的事再小也要做"，枝叶关情贯穿于我们党治国理政的生动实践。2016年，习近平总书记主持召开中央财经领导小组第十四次会议，听取并讨论推进北方地区冬季清洁取暖等事项。在习近平总书记看来，这些都是大事，关系广大人民群众生活，是重大的民生工程、民心工程。何为大，何为小？看一件事情大小，不能只看其形式和规模，而要站稳人民立场看，要从群众切身需要来考量。很多看起来琐碎的小事，恰恰是与群众利益密切相关、最需要办好的好事实事。

习近平总书记强调："既要做让老百姓看得见、摸得着、得实惠的实事，也要做为后人作铺垫、打基础、利长远的好事"。这要求党员干部把握好当前和长远的关系，对于群众反映强烈的急难愁盼问题，要当作头等大事、当务之急，不等不推不拖、立行立改，让群众感受到事情有人管、困难有人帮。面对一些一时解决不了但事关群众长远利益的问题，也要列出时间表，久久为功、持续用力。为群众办好事实事，既要做显功，也要做潜功，真正把好事实事做到群众心坎上，追求人民群众的好口碑、历史沉淀之后真正的评价。

从群众切身需要来考量好事实事，就要进行广泛深入的调查研究，同群众身挨身坐、心贴心聊，了解群众的所需所盼。近年来，各地在收集民意、汇集民智方面进行了有益探索，板凳议事会、凉亭议事会、院坝协商会等形式，聚焦民生关切、鼓励群众参与，让党员干部更好把握群众关心的好事实事。广大党员干部要从群众普遍关注、反映强烈、反复出现的问题出发，拿出更多改革创新举措，把问题一个一个解决好，把好事实事做到群众心坎上。

（王淑娉 《人民日报》2024年10月15日第09版）

“树牢造福人民的政绩观”

党的二十届三中全会《决定》提出：“树立和践行正确政绩观，健全有效防范和纠治政绩观偏差工作机制。落实‘三个区分开来’，激励干部开拓进取、干事创业。”

“改革要重视谋划，更要抓好落实。要发扬钉钉子精神，树立和践行正确政绩观，察实情、出实招、求实效，坚决防止和克服形式主义，切忌搞徒有其表的形象工程、劳民伤财的政绩工程。”2024年5月，习近平总书记主持党外人士座谈会时发表重要讲话强调。

“树立和践行正确政绩观，持续深化整治形式主义为基层减负，不断改进领导作风和工作作风。”“抓任何工作，给群众办任何事情，都要实事求是。”2024年3月，习近平总书记在湖南考察时强调。

政绩为谁而树?

“共产党是为人民服务的党。现在我们国家经济实力增强了，更要为人民多做事情。”习近平总书记的一席话，饱含着人民领袖对人民的深厚情感，折射出共产党人的政绩观。

习近平总书记指出“中国共产党把为民办事、为民造福作为最重要的政绩”，强调“要树牢造福人民的政绩观”。对共产党人来说，人民始终是正确政绩观的核心，是干事创业的价值源头。

翻开《之江新语》，《不求“官”有多大，但求无愧于民》《心无百姓莫为“官”》等诸多篇目，“要拎着‘乌纱帽’为民干事，而不能捂着‘乌纱帽’

为己做‘官’”“要把群众的呼声作为第一信号”等炽热话语，无不彰显着鲜明的人民立场、真挚的为民情怀。

在天寒地冻的太行山深处，顶风冒雪看真贫；深入祁连山北麓大草原，实地了解生态恢复保护情况；到河北保定受灾群众家中，看温度计、摸暖气片，感受百姓冷暖；在上海考察时，专门到保障性租赁住房看望新市民，询问租金贵不贵；在湖南常德沿着田边小道，同种粮大户、农技人员、基层干部一笔一笔算投入产出账……新时代以来，人民的所思所盼，装在习近平总书记心中，融入国家发展的顶层设计里。

树什么样的政绩？

政绩观与发展观紧密相连。发展是实现人民幸福的关键，高质量发展是新时代的硬道理。

2021 年 3 月，在福建三明市沙县总医院考察时，习近平总书记问正在陪母亲看病的市民张丽萍费用和报销情况。

“这次花费 1.3 万元，自费 4000 多元。”

习近平总书记听后很欣慰，又在一张柱状图前驻足细看三明医改成效。

“我很关注你们的改革。”习近平总书记强调，三明医改体现了人民至上、敢为人先，其经验值得各地因地制宜借鉴。

医疗、就业、教育、养老……人民群众关心，习近平总书记高度关注。高质量发展，就是能够很好满足人民日益增长的美好生活需要的发展，是体现新发展理念的发展。

“任何时候我们都不能走那种急就章、竭泽而渔、唯 GDP 的道路”“要有定盘星，坚定地贯彻新发展理念、推动高质量发展”。

靠什么树政绩？

要正确处理“实”与“虚”——出实招、求实效，不能图虚名、务虚功。

20 多年来，浙江通过持之以恒实施“八八战略”，成功破解了“成长的烦恼”。

习近平总书记2023年9月在浙江考察时指出：“之所以有成效，就是一张蓝图绘到底，一以贯之20年。朝令夕改，那任何好的举措都是纸上谈兵，都将付诸东流。”

路子对了，就要坚持走下去。“像我们抓绿水青山，像我们的脱贫攻坚、实现全面小康，像我们共建‘一带一路’，像我们区域协调发展的几大战略……都是一件事、一件事在做，按照党中央的要求，一丝不苟做起来。”

如果没有“钉钉子”的执着，没有“虽千万人吾往矣”的勇毅，没有“致广大而尽精微”的智慧，党和国家事业怎能取得历史性成就、发生历史性变革？我们又怎能把党的二十大描绘的宏伟蓝图变成现实？

还要辩证把握“近”与“远”——不求急功近利的“显绩”，多创造泽被后人的“潜绩”。

生态文明建设，被习近平总书记视为“关系中华民族永续发展的根本大计”；生态，被习近平总书记称为“我最看重的事情之一”。

从长江边搬走化工厂的“舍”，换来一江碧水、两岸青山的“得”；由粗放式发展老路的“退”，变为绿色发展新路的“进”……“临江锈带”成为“滨江绿带”，长江岸线见证“共抓大保护、不搞大开发”的坚定决心。

“生态保护方面我无论是鼓励推动，还是批评制止，都不是为一时一事，而是着眼于大生态、大环境，着眼于中国的可持续发展、中华民族的未来。”习近平总书记语重心长。

为官一任，造福一方。树牢造福人民的政绩观，“暮雪朝霜，毋改英雄意气”。

（本报记者　宋静思　《人民日报》2024年10月13日第01版）

坚持在发展中保障和改善民生

增进民生福祉是发展的根本目的。习近平总书记指出："我们要坚持在发展中保障和改善民生，解决好人民最关心最直接最现实的利益问题，更好满足人民对美好生活的向往"。当前和今后一个时期是以中国式现代化全面推进强国建设、民族复兴伟业的关键时期。党的二十届三中全会《决定》提出："在发展中保障和改善民生是中国式现代化的重大任务。"我们要深入理解在发展中保障和改善民生的内涵和意义，推动现代化建设成果更多更公平惠及全体人民。

彰显了我们党以人民为中心的执政理念。习近平总书记指出："以人民为中心是我们的根本执政理念。"执政理念是执政党在执政活动中形成的理性认识，在执政党的思想和行动中具有统领作用。执政理念形成后，就会转化为路线、方针和政策，决定着执政活动的总体方向和最终成效。科学合理的执政理念对于实现国家繁荣兴旺、社会稳定和谐、人民安居乐业具有重要意义。我们党一经诞生，就把为中国人民谋幸福、为中华民族谋复兴确立为自己的初心使命，为了让人民过上好日子，带领人民进行革命、建设、改革。新时代以来，面对我国社会主要矛盾变化，我们党深入贯彻以人民为中心的发展思想，以巨大的政治勇气全面深化改革，推动人民生活全方位改善。坚持在发展中保障和改善民生，彰显了我们党以人民为中心的执政理念，也深刻体现了进一步全面深化改革的价值取向。

彰显了"第二个结合"的重要要求。习近平总书记在深刻阐释马克思主义和中华优秀传统文化彼此存在高度契合性时指出："民为邦本、为政以德的治理思想与人民至上的政治观念相融"。马克思主义最鲜明的品格是人民性。马克思指出："历史活动是群众的活动"。让人民获得解放是马克思毕生的追求。中华优秀传统文化是中华文明的智慧结晶和精华所在，蕴含着政在养民、民为邦本等许多仍具有时代价值的思想观念。我们党用马克思主义激活中华优秀传统文化中富有生命力的优秀因子并赋予新的时代内涵，牢牢把握现代化方向的人民性，既增进当代人福祉，又保障子孙后代权益。坚持在发展中保障和改善民生，充分体现了马克思主义的目标追求和中华优秀传统文化的思想理念，将使现代化更好回应人民各方面诉求和多层次需要。

彰显了全体人民共同富裕这一中国式现代化的本质特征。习近平总书记指出："我们推动经济社会发展，归根结底是要实现全体人民共同富裕。"中国式现代化是全体人民共同富裕的现代化。新中国成立初期，毛泽东同志在论述发展目标时提出要使我国比现在大为发展，大为富、大为强，"而这个富，是共同的富，这个强，是共同的强，大家都有份"。改革开放和社会主义现代化建设新时期，邓小平同志指出："共同致富，我们从改革一开始就讲，将来总有一天要成为中心课题。"中国特色社会主义进入新时代，习近平总书记指出："共同富裕本身就是社会主义现代化的一个重要目标。"新时代以来，在以习近平同志为核心的党中央坚强领导下，我们打赢脱贫攻坚战，全面建成小康社会，并形成了促进全体人民共同富裕的一整套思想理念、制度安排、政策举措。坚持在发展中保障和改善民生，让人民共享经济、政治、文化、社会、生态等各方面发展成果，才能不断促进人的全面发展，朝着实现全体人民共同富裕不断迈进。

习近平总书记指出："中国式现代化，民生为大。"在发展中保障和改善民生是一项艰巨而复杂的系统工程，需要多措并举、不断推进，既包括推动高质量发展、增强物质基础，也包括加强社会建设、提高公共服务水平和能力。只有通过一定的制度安排和制度运行，才能真正把发展成果不断转化为人民群众实实在在的利益。党的二十届三中全会《决定》明确进一步全面深化改革要“以促进社会公平正义、增进人民福祉为出发点和落脚点”，并对健全保障和改善民生制度体系作出战略部署。我们要深入贯彻落实全会决策部署，坚持目标导向与问题导向相结合，正确处理生产和生活、当前和长远等的关系，坚持尽力而为、量力而行，完善收入分配制度，规范收入分配秩序；优化创业促进就业政策环境，支持和规范发展新就业形态；健全灵活就业人员、农民工、新就业形态人员社保制度，全面取消在就业地参保户籍限制；加快构建房地产发展新模式，充分赋予各城市政府房地产市场调控自主权；深化医药卫生体制改革，实施健康优先发展战略；健全人口发展支持和服务体系，完善生育支持政策体系和激励机制，完善发展养老事业和养老产业政策机制，按照自愿、弹性原则稳妥有序推进渐进式延迟法定退休年龄改革；等等。坚持在发展中保障和改善民生，努力解决好人民最关心最直接最现实的利益问题，就能让现代化建设成果更多更公平惠及全体人民，让每一个中国人都过上美好生活。

（何星亮 《人民日报》2024 年 10 月 11 日第 09 版）

健全保障和改善民生制度体系
不断满足人民对美好生活的向往

习近平总书记指出：“抓改革、促发展，归根到底就是为了让人民过上更好的日子。”保障和改善民生制度体系涉及就业、医疗卫生、住房、养老、社会保障等与人民生活息息相关的各方面，是广大群众最关心的改革领域之一。党的二十届三中全会《决定》鲜明提出“在发展中保障和改善民生是中国式现代化的重大任务”，并对健全保障和改善民生制度体系作出战略部署。我们要深化对健全保障和改善民生制度体系的认识，以促进社会公平正义、增进人民福祉为出发点和落脚点进一步全面深化改革，不断满足人民对美好生活的向往。

以制度建设促进形成人人参与的发展环境。幸福生活都是奋斗出来的，每个人的努力奋斗是整个社会发展前进的动力。形成人人参与的发展环境，让努力都能得到相应回报，才能让每个人都获得发展自我和奉献社会的机会。比如，近年来平台经济和共享经济兴起，催生了新就业形态，不仅为劳动者提供了更多发展机会，也激发了推动经济发展和转型升级的新动能。党的二十届三中全会《决定》提出支持和规范发展新就业形态，完善劳动关系协商协调机制，加强劳动者权益保障等。这些改革举措有利于加强新就业形态劳动者的权益保障，保证人民平等参与、平等发展权利，也为高质量发展提供有效支撑。不断满足人民对美好生活的向往，要完善促进机会公平、维护社会公平正义的制度机制，畅通社会向上流动通道，创造公平竞争的良好环境，给更多人创造致富机会，让每个人共同享有人生出彩的机会，共同享有梦想成真的机会。

以制度建设促进提高基本公共服务保障能力和水平。基本公共服务关乎民生、连接民心，是不断满足人民对美好生活向往的重要保障。提高基本公共服务保障能力和水平，需要充分发挥有为政府和有效市场的作用，推动政府、市场、社会等协同发力。这既有利于统筹各种资源，也有利于因地制宜满足不同群体的多样化需求。比如，根据近年来我国人口老龄化程度加深的态势，党的二十届三中全会《决定》提出完善基本养老保险全国统筹制度，加快发展多层次多支柱养老保险体系，培育社区养老服务机构，健全公办养老机构运营机制，鼓励和引导企业等社会力量积极参与，推进互助性养老服务，促进医养结合等。这些改革举措有利于加强各类力量协作，更好满足老年群众多方面需求、妥善解决人口老龄化带来的社会问题。又如，疾病预防控制体系是保护人民健康、保障公共卫生安全的重要保障。党的二十届三中全会《决定》提出健全公共卫生体系，促进社会共治、医防协同、医防融合等。这些改革举措有利于凝聚合力、上下联动，进一步增强我国应对突发重大公共卫生事件的能力。不断满足人民对美好生活的向往，要完善基本公共服务制度体系，引导多方力量共同参与公共服务提供，稳步提高基本公共服务保障能力和水平，增强均衡性和可及性。同时，健全常住地提供基本公共服务制度，把握人口流动客观规律，推动相关公共服务随人走。

以制度建设促进共享城乡融合发展成果。在现代化进程中，如何处理好工农关系、城乡关系，在一定程度上决定着现代化的成败。推动城乡融合发展，促进城乡要素平等交换、双向流动，促进城乡共同繁荣发展，既是中国式现代化的必然要求，也为提高人民生活品质提供了重要支撑。随着我国新型城镇化不断推进，日益活跃的人口流动为经济社会发展注入强大动力，也对社会保障体系建设等提出了更高要求。党的二十届三中全会《决定》提出统筹城乡就业政策体系，同步推进户籍、用人、档案等服务改革；全面取消在就业地参保户籍限制，完善社保关系转移接续政策；促进城乡、区域人口合理集聚、有序流动等。这些改革举措有利于更好解决流动人口最关心的稳定就业、子女教育、住房保障、社会保险等问题，将使广大人民群众共建共享城乡融合发展成果。不断满足人民对美好生活的向往，要从群众殷切期盼中找准推动城乡融合发展的切入点和突破口，补齐民生短板、办好民生实事。同时，充分发挥农民的主体作用和首创精神，调动亿万农民推进乡村全面振兴的积极性、主动性、创造性。

不断满足人民对美好生活的向往，不能脱离当前我国国情提出过高目标。党的二十届三中全会《决定》强调“必须坚持尽力而为、量力而行”。为此，要坚守底线、突出重点、完善制度、引导预期，加强普惠性、基础性、兜底性民生建设。同时要认识到，不断满足人民对美好生活的向往没有终点，必须脚踏实地、久久为功，采取针对性更强、覆盖面更大、作用更直接、效果更明显的举措，实实在在帮群众解难题、为群众增福祉、让群众享公平，推动人的全面发展、全体人民共同富裕取得更为明显的实质性进展。

（郑路　张子约　《人民日报》2024 年 10 月 11 日第 09 版）

“眼睛向下，脚步向下”找办法

重庆南岸区古楼小区建于20世纪90年代，因门楼牌编制不规范，快递错投情况时有发生，给小区居民造成不便。为了从源头上消除居民这一烦恼，2023年，公安派出所全面清理整改不规范地址，为小区全部换装二维码门楼牌463张。建筑物和房屋有了“电子身份证”，“号址不一、有址无号、有号无址”等情况得到改变，快递错投问题也迎刃而解。

不仅如此，在重庆，扫描墙上二维码，还能直接调用重名查询、堵路移车等热门公安户政、交通服务等15项功能。截至目前，重庆已累计制作上墙二维码门楼牌233万余张。聚焦群众生活的难点，从中找到工作的着力点，由点及面、逐步推广，这样的举措，给城市治理以借鉴，也给我们做好其他工作以启迪。

中央全面深化改革领导小组第七次会议强调：“要坚持眼睛向下，脚步向下，尊重基层群众实践，解决群众生产生活中面临的突出问题，务必使改革的思路、决策、措施都能更好满足群众诉求，做到改革为了群众、改革依靠群众、改革让群众受益。”这既是推进改革的重要要求，也是做好工作的重要方法。

群众的关切点，就是工作的发力点。“眼睛向下”，才能把问题找准，更好地理清路子、开对方子、找到办法。四川成都郫都区政务服务中心推出的一项证件照便民举措，引发网友点赞。原来，服务中心倾听群众呼声，设立了“衣帽间”，准备了50多套服装以及化妆品，供市民选用。细节的改变，带来的是服务体验的提升。这也启示我们，瞄准群众的所思所想所盼，聚力解决群众生产生活的痛点、堵点、难点问题，工作就能不断打开新局面。

2024 年 5 月，习近平总书记在党外人士座谈会上强调，“大兴调查研究，走好群众路线，问需、问计于民”。好办法是想出来的，其实也是“走出来”的。离基层越近，与群众越亲，越能体会群众的急难愁盼是什么，越能发现问题的症结在哪里，提出的对策也就越有针对性，拿出的办法也就越符合实际。

党的二十届三中全会《决定》强调，“尊重人民主体地位和首创精神”。办法就在群众中。上海普陀区石泉路街道石泉一村，周边居民存在自行种菜的现象，街道便在小区内打造了一个小型科普菜园，既美化了社区环境，又通过社区居民自我管理、自我服务，解决了社区环境管理问题。这一举措，正是源于群众的建议。待在办公室里做计划，永远赶不上变化。“脚步向下”，走进基层，问需于民、问计于民，才能找到金点子。

办法找到了，也需要不断优化，并归纳形成可以破解一类问题的机制，如此才能更符合群众需求。以行李寄存服务为例，不少游客在旅游时，都经历过“拖着行李逛景点”的不便。为改善游客体验，浙江杭州在交通枢纽、重点商圈、旅游景点等地设置寄存柜。寄存服务推出后，一些游客反映，“寄存点少，覆盖面不足”“需往返取行李，太浪费时间”“寄存服务单一，无送达服务”。于是，杭州继续深化“行李服务一件事”改革，探索打造“寄存 + 动态多场景托运”服务，力求实现让行李跟着人走。在实践中研究新情况、解决新问题，持续优化对策和思路，让其更具实效性，这同样是“眼睛向下，脚步向下”的体现。

好办法来自基层，来自群众。深入基层、深入群众，把情况摸清、把问题找准，我们便能更好提出解决问题的新思路新办法，把工作做到群众心坎上。

（陈凌　《人民日报》2024 年 08 月 07 日第 05 版）

增强群众对改革的获得感、认同度

穿街过巷的外卖骑手，传递“人间烟火”；东奔西跑的网约车司机，织就“流动脉络”；扎根乡村的带货主播，架起“云端桥梁”……8400万名新就业形态劳动者，已成为推动经济社会高质量发展的重要力量。如何更好保障他们的权益，成为改革议题。《中共中央关于进一步全面深化改革、推进中国式现代化的决定》（以下简称《决定》）提出“支持和规范发展新就业形态”“健全灵活就业人员、农民工、新就业形态人员社保制度”等举措，彰显着以人民为中心的价值取向。

抓改革、促发展，归根到底就是为了让人民过上更好的日子。习近平总书记主持党外人士座谈会时发表重要讲话强调：“大兴调查研究，走好群众路线，问需、问计于民，尊重基层和群众首创精神，注重从老百姓急难愁盼中找准改革发力点和突破口，增强群众获得感、认同度。”坚持人民至上谋划和推进改革，把改革方案的含金量充分展示出来，使改革更好对接发展所需、基层所盼、民心所向，进一步全面深化改革才能拥有最坚实的依托、最强大的底气、最澎湃的动力。

为了人民而改革，改革才有意义。为了解决农民工难以融入城市问题，户籍制度改革破冰前行，1.5亿农业转移人口进城落户，“进得来”“留得住”“有发展”，真正融入新环境、开启新生活。人民有所呼，改革有所应。《决定》聚焦提高人民生活品质，就完善收入分配制度、深化医药卫生体制改革等人民群众关心关注话题作出部署，体现出鲜明的人民性。继续把改革推向前进，必须从人民整体利益、根本利益、长远利益出发谋划具体改革思路、制定具体改革举措，让人民群众的获得感、幸福感、安全感更加充实、更有保障、更可持续。

依靠人民而改革，改革才有动力。问计于民知冷暖，问效于民知虚实。习近平总书记指出："只有充分尊重人民意愿，形成广泛共识，人民才会积极支持改革、踊跃投身改革。""规范收入分配秩序，规范财富积累机制""促进优质医疗资源扩容下沉和区域均衡布局"……《决定》中一系列重大改革举措，正是把顶层设计同问计于民统一起来，在调查研究、集思广益的基础上提出的。真诚倾听群众呼声、真实回应群众诉求、真情顺应群众期盼，及时总结群众创造的新鲜经验，定能提升群众对改革的认同度，把最广大人民的智慧和力量凝聚到改革上来。

共识是奋进的动力，也是改革的推动力。坚持发扬民主、集思广益，增强改革决策科学性和改革落实执行力，以实绩实效和人民群众满意度检验改革，才能进一步增强群众对改革的获得感、认同度。充分调动各方面改革积极性，进一步凝聚改革共识，心往一处想、劲往一处使，就一定能形成推进改革的强大合力，在新征程上书写出更加精彩的改革答卷，不断把人民对美好生活的向往变为现实。

（常晋　《人民日报》2024 年 07 月 29 日第 04 版）

尊重群众首创精神

“面对面听取大家的意见和建议，请大家畅所欲言。”在2024年5月召开的企业和专家座谈会上，习近平总书记开宗明义。6位企业代表、3位专家学者先后发言，习近平总书记不时提笔记录，一次次插话询问，了解具体情况，深入交流回应。

无论是提出顶层设计和总体规划，还是从老百姓身边事改起，全面深化改革每一步推进和每一项重大举措，都建立在深入调查研究基础上，都注重从人民群众中汲取智慧和力量。习近平总书记深刻指出：“共产党做事的一个指导思想就是尊重群众首创精神，群众是真正的英雄。”回顾改革开放波澜壮阔的历程，正是因为尊重人民群众在实践活动中所表达的意愿、所创造的经验、所拥有的权利、所发挥的作用，我们才充分激发蕴藏在人民群众中的创造伟力，披荆斩棘、一往无前。

“正确的道路从哪里来？从群众中来。”坐在办公室里拍脑袋搞改革是搞不成的。安徽小岗村18位农民按下红手印，催生了家庭联产承包责任制；福建武平县农民拉开林改的序幕，唤醒了大片沉睡的山林；源于政法工作实践的“枫桥经验”在新时代发扬光大，进一步完善了基层治理体系……条条溪流汇成江河，改革开放在理论和实践上的每一次突破和深化，改革开放中每一个新生事物的产生和发展，改革开放每一个领域和环节经验的创造和积累，无不来自亿万人民的智慧和实践。善于从人民的实践创造和发展要求中完善改革的政策主张，紧紧依靠人民推动改革，这是改革开放的宝贵经验。

三明医改经验是如何走向全国的？成为多个国家层面医改任务试点，多次列入深化医改年度重点工作任务……这一基层率先探索的经验，经过总结、提炼，化为国家层面的改革举措，继而推向全国。实践证明，全面深化改革，党的领导和尊重人民首创精神缺一不可。坚持加强党的领导和尊重人民首创精神相结合，从人民的创造性实践中总结新鲜经验，作出新概括、获得新认识、形成新成果，才能将一个个“点”的突破提升为“面”的推广。

人民群众身处实践最前沿，对实践变化感知最敏锐、感受最深切，意见建议最聪慧、最管用。保障他们的意见建议畅通表达，有利于更好把握发展规律、破解发展难题、提升改革成效。“在农村人口聚集区域，由政府财政投入建设公共食堂、公共宿舍……形成互助养老模式。”在“十四五”规划建议网络问计中，一位网民留下关于“互助性养老”的建言，最终变为规划纲要的具体措施。从人大代表密切联系人民群众，到“小院议事厅”“屋场恳谈会”等基层民主实践不断涌现，一项项制度机制，促进了顶层设计和基层探索的良性互动、有机结合，最大程度实现了“把最广大人民智慧和力量凝聚到改革上来”。

“能用众力，则无敌于天下矣；能用众智，则无畏于圣人矣。”改革开放是亿万人民自己的事业，具体推进必须坚持一盘棋、形成大合唱。充分尊重人民意愿，形成广泛共识，进一步全面深化改革就会拥有最坚实的依托、最强大的底气、最澎湃的动力。

（尹双红　《人民日报》2024 年 07 月 16 日第 04 版）

把为人民谋幸福作为检验改革成效的标准

——把牢进一步全面深化改革的价值取向

在福建漳州南靖县和溪中心小学，乡村娃有了自己的足球场，既强体魄，又添欢乐；在贵州遵义道真仡佬族苗族自治县易地扶贫搬迁安置点，孩子们告别跋山涉水的上学路，在家门口就能享受到优质教育资源……教育改革的成效，写在孩子们洋溢的笑脸上，体现在日益提升的教育质量里。

一切向前走，都不能忘记为什么出发。维护好、实现好、发展好最广大人民根本利益是一切工作的出发点和落脚点。习近平总书记强调："要坚持以人民为中心，把为人民谋幸福作为检验改革成效的标准，让改革开放成果更好惠及广大人民群众。"把是否给人民群众带来实实在在的获得感，作为改革成效的评价标准，是我们党坚持人民立场、坚持全心全意为人民服务根本宗旨的生动体现，也是确保改革更加符合实际、符合经济社会发展新要求、符合人民群众新期待的必然选择。

人民的获得感，改革的含金量。习近平总书记深刻指出："改革发展搞得成功不成功，最终的判断标准是人民是不是共同享受到了改革发展成果。"深化收入分配制度改革，完善产权保护制度，建立更加公平更可持续的社会保障制度，推动城乡教育一体化改革发展，推动高校教师、科研人员薪酬分配制度改革……新时代以来，把牢以人民为中心的价值取向，一项项惠民生、暖民心、顺民意的改革举措，一笔一画描绘幼有所育、学有所教、劳有所得、病有所医、老有所养、住有所居、弱有所扶的美好画卷。

民之所需，改革所向。让群众满意是我们党做好一切工作的价值取向和根本标准。改革成效，关键要看给人民群众办成了多少事，解决了多少实际问题，群众到底认不认可、满不满意。让孩子就近上个好学校，到一个好的医院看病，就地就业，有好的生态环境……在2019年全国两会上，河南濮阳县庆祖镇西辛庄村党支部书记李连成代表道出了农民的8个梦想。习近平总书记回应，“一些已经做成了，一些还在做的过程中，一些是下一步准备要做”。如今，西辛庄村不仅有了学校、医院，还有几十家企业，人居环境也大大改善，村民们干事创业的劲头更足了。事实有力证明，从人民群众所需出发，就能找准改革的方向和突破口；以群众到底认不认可、满不满意来检验，就能让改革落到实处、取得实效。

实践告诉我们，用好改革落实机制和评价机制，推动落实主体责任，发挥改革督察作用，抓住人民群众最关心最直接最现实的利益问题，把改革举措效益充分发挥出来；把改革举措放到实践中去检验，让基层来评判，让群众来打分，确保改革促进经济社会发展、促进社会公平正义、给人民群众带来获得感，必能充分调动各方面推进改革的积极性、主动性、创造性。

保障和改善民生没有终点。前不久，甘肃平凉市民刘伟，计划用3天时间来办理企业开办手续。没想到，到了当地政务服务中心，一个窗口，不到3个小时，他就办好了全部手续。从昔日“门难进、事难办”，到如今的“马上办、网上办、就近办、一次办”，发展无止境，改革无止境。进一步全面深化改革，锚定人民对美好生活的向往，从最突出的问题抓起、最现实的利益出发，用心用情用力解决好群众急难愁盼问题，“好了还要再好，不能止步”，就一定能不断促进人的全面发展、全体人民共同富裕，书写出更加精彩的改革答卷。

（本报评论部　《人民日报》2024年07月11日第05版）

着力解决人民群众所需所急所盼

——把牢进一步全面深化改革的价值取向

二级以上公立医疗机构普通门诊“一次挂号管三天”，这项江苏推出的改革，受到群众好评。

长期以来，挂一次号当天就诊，是医院的通行规则。错过了预约时间，检查结果当天未出，或者后期复诊，都得重新挂号，既费钱又费时。延长就医挂号“有效期”，给患者带来实实在在便利。这样的惠民改革启示我们：使改革更加精准地对接发展所需、基层所盼、民心所向，才能更好造福人民群众。

中国式现代化，民生为大。我们党推进全面深化改革的根本目的，就是要促进社会公平正义，让改革发展成果更多更公平惠及全体人民。个人所得税改革惠及 2.5 亿人，养老保险全国统筹推动养老保障更公平，深化农村土地制度改革促进农民增收……新时代以来，2000 多个改革方案涉及衣、食、住、行等各个环节，记录全面深化改革为了人民、依靠人民、造福人民的铿锵步伐，生动诠释“让人民生活幸福是‘国之大者’”。

问题是时代的声音，人民心声是改革所向。“牛羊育肥期几个月”“种什么庄稼”“水产养殖怎么发展”……2016 年全国两会上，习近平总书记用了 20 分钟向一名村党委书记了解当地发展情况。习近平总书记主持召开企业和专家座谈会时强调，“注重从就业、增收、入学、就医、住房、办事、托幼养老以及生命财产安全等老百姓急难愁盼中找准改革的发力点和突破口，多推出一些民生所急、民心所向的改革举措，多办一些惠民生、暖民心、顺民意的实事”。把牢进一步全面深化改革的价值取向，找准改革的出发点和落脚点，才能更好解决人民群众所需所急所盼。

老百姓关心什么、期盼什么，改革就要抓住什么、推进什么。满足人民群众对生态环境改善的新期待，出台《中共中央国务院关于全面推进美丽中国建设的意见》；为了小微企业、个体工商户、农户及新型农业经营主体融资更加便利，出台《关于推进普惠金融高质量发展的实施意见》；从保障人民群众用药需求出发，出台《关于改革完善仿制药供应保障及使用政策的意见》……善于从群众关注的焦点、百姓生活的难点中寻找改革切入点，让人民群众有更多、更直接、更实在的获得感、幸福感、安全感，体现出党的十八大以来全面深化改革坚持以人民为中心的价值取向，成为全面深化改革赢得人民支持、取得历史性伟大成就的一条重要经验。

改革味要浓、成色要足，改革举措就要有鲜明指向性，奔着解决最突出的问题去。今天，幼有所育、学有所教、劳有所得、病有所医、老有所养、住有所居、弱有所扶，哪一项都需要我们更加关注群众多方面、多层次需求。了解民情、掌握实情，搞清楚问题是什么、症结在哪里，才能拿出破解难题的实招、硬招。身到心到，把人民群众急难愁盼的问题清单，转化为改革的责任清单、任务清单，切实提升改革的精准性、针对性、实效性，一件一件抓落实，一年接着一年干，才能不断把人民对美好生活的向往变为现实。下功夫了解群众的所想所盼，高度重视解决实际问题，时刻把群众安危冷暖放在心上，实打实为群众排忧解难，凝心聚力推动发展，我们必能在新征程上创造更加美好的生活，以进一步全面深化改革开辟中国式现代化广阔前景。

（本报评论部 《人民日报》2024年07月10日第05版）

始终把人民利益摆在至高无上的地位

——把牢进一步全面深化改革的价值取向

近期，我国南方多地持续出现强降雨，多家保险企业开启理赔“绿色通道”，为农业防汛救灾提供保险支持。2024年起，我国全面实施三大粮食作物完全成本保险和种植收入保险政策。与曾经只购买“基本险”相比，借助这两个高保障的险种，每亩仅需要多交5.8元左右，遇到同样等级的灾害，获得的赔偿就能翻倍。政策性农业保险全面推开，用财政支出的“加法”，换来稳定农户收益和保障粮食安全的“乘法”，成为全面深化改革坚持以人民为中心的生动写照。

“让人民过上好日子，是我们一切工作的出发点和落脚点。”党的十八大以来，以习近平同志为核心的党中央坚持以人民为中心的价值取向，抓住人民最关心最直接最现实的利益问题推进重点领域改革，推动全面深化改革取得历史性伟大成就。紧扣推进中国式现代化这个主题进一步全面深化改革，必须坚持以人民为中心，尊重人民主体地位和首创精神，坚持人民有所呼、改革有所应，做到改革为了人民、改革依靠人民、改革成果由人民共享，让人民群众有更多获得感、幸福感、安全感。

中国式现代化是14亿多人口的现代化，规模最大，难度也最大。把握“民生为大”的重要要求，从人民的整体利益、根本利益、长远利益出发谋划和推进改革，中国式现代化的动力才会越来越强劲。企业准入门槛大大降低，激发了经营主体活力；司法改革深入推进，公平正义的阳光洒遍大地；

深化招生制度改革，推出乡村教师支持计划，教育均衡化水平不断提升……回望党的十八届三中全会以来的改革实践，一系列改革举措赢得人民衷心拥护，充分表明“为了人民而改革，改革才有意义；依靠人民而改革，改革才有动力”。

改革千头万绪，归根到底就是一个“人”字。以人民利益为旨归，改革的科学性才有支撑，落实的有效性才有保障。全面深化改革进入深水区，遇到的难以权衡的利益问题越来越多，复杂程度、敏感程度、艰巨程度前所未有。提高改革决策的科学性，很重要的一条就是要广泛听取群众意见和建议，准确把握群众实际情况究竟怎样、群众到底在期待什么、群众利益如何保障、群众对改革是否满意。改革既要往有利于增添发展新动力方向前进，也要往有利于维护社会公平正义方向前进。充分调动群众推进改革的积极性、主动性、创造性，把最广大人民智慧和力量凝聚到改革上来，才能同人民一道把改革推向前进。

发展无止境，改革无穷期。以医药卫生体制改革为例，2014 年全面推开城乡居民大病保险试点，2015 年实现城乡居民大病医疗保险制度全覆盖，2016 年实现城乡居民医保和新农保整合，2017 年城市公立医院综合改革试点全面推开，2018 年国家医疗保障局挂牌，2019 年在全国范围内推广国家组织药品集中采购和使用试点集中带量采购模式，2021 年部署推动公立医院高质量发展，2023 年跨省异地就医直接结算正式实施……一步一个脚印，改革走过了千山万水，还需要继续跋山涉水。面对人民群众新期待，必须继续把改革推向前进。把牢进一步全面深化改革的价值取向，必须注重从就业、增收、入学、就医、住房、办事、托幼养老以及生命财产安全等老百姓急难愁盼中找准改革的发力点和突破口，多推出一些民生所急、民心所向的改革举措，多办一些惠民生、暖民心、顺民意的实事。

在企业和专家座谈会上，当有学者发言提到“接下来的这轮改革，力争让更多群体有更强的获得感”时，习近平总书记赞许道：“这句话正是点睛之笔，老百姓的获得感是实实在在的。”新征程上，我们要始终与人民风雨同舟、与人民心心相印，想人民之所想，行人民之所嘱，不断把人民对美好生活的向往变为现实，不断激发蕴藏在人民中的创造伟力，为中国铸就新的辉煌，为世界作出更大贡献。

（本报评论部 《人民日报》2024 年 07 月 08 日第 05 版）

严明党的群众纪律　践行党的根本宗旨

——关于《中国共产党纪律处分条例》群众纪律修订的重点内容

群众纪律是党的各级组织和全体党员坚持以人民为中心的发展思想和处理党群关系时必须遵守的行为规则，其本质要求是践行党的根本宗旨，贯彻党的群众路线。习近平总书记指出，必须紧紧围绕保持党同人民群众的血肉联系，增强群众观念和群众感情，不断厚植党执政的群众基础，强调“对一切侵犯群众合法权利的行为，对一切在侵犯群众权益问题上漠然置之、不闻不问的现象，都必须依纪依法严肃查处、坚决追责”。新修订的《中国共产党纪律处分条例》(以下简称《条例》) 第九章“对违反群众纪律行为的处分”，立足解决好人民群众急难愁盼问题，完善群众纪律有关规定，推动广大党员干部始终把群众的安危冷暖放在心上，走好新时代群众路线。

一是强化保障群众利益，助力推进乡村全面振兴。习近平总书记强调，乡村振兴不是一句口号，讲究的就是一个“实”字，农村工作干部要真正深入群众，真心依靠群众，真情关爱群众，真诚服务群众。《条例》第一百二十二条第二款规定，在乡村振兴领域有侵害群众利益行为的，从重或者加重处分。这次修订，将原来的“扶贫领域”调整表述为“乡村振兴领域”，一方面是为了适应巩固拓展脱贫攻坚成果同乡村振兴有效衔接的要求；另一方面是考虑到全面建设社会主义现代化国家，最艰巨最繁重的任务仍然在农村，必须在推进乡村全面振兴中维护好发展好群众切身利益，对乡村振兴领域存在的不正之风和突出问题必须从严惩治。党员干部要做到脱贫摘帽不摘责任、不摘政策、不摘帮扶、不摘监管，在服务“三农”工作、推进乡村全面振兴中把责任扛在肩上、抓在手上，特别是要坚决防止和纠正在乡村振兴领域侵害群众利益的行为。

二是聚焦社会救助，维护民生公平。习近平总书记强调，对困难群众，我们要格外关注、格外关爱、格外关心，帮助他们排忧解难。党的二十大报告指出，“必须坚持在发展中保障和改善民生”“着力解决好人民群众急难愁盼问题”。《条例》第一百二十四条充实在社会救助中优亲厚友、明显有失公平行为的处分规定，着力促进将社会救助兜底保障落到实处。社会救助是一项兜底线、救急难、保民生、促公平的基础性制度安排，事关困难群众基本生活和衣食冷暖，关系民生、连着民心。全面脱贫后，我们党着眼为群众提供更高质量的兜底保障，进一步健全社会救助体系，在促进社会公平、维护社会和谐稳定上发挥了重要作用。如果党员干部在救济、补助工作中办事不公、优亲厚友、厚此薄彼，将救济、补助款物作为“顺水人情”“关系保障”，不但影响国家惠民政策的落实，还会使党员干部在群众中失去公信力，甚至影响到党和政府的公信力。党员干部要正确处理公私关系，把惠民政策不折不扣地落实到群众中去，切实兜住民生底线，保障人民群众公平共享改革发展成果。

三是惩治慢作为、假作为，切实提升为民服务质量。习近平总书记强调，我们要坚持把人民群众的小事当作自己的大事，从人民群众关心的事情做起，从让人民群众满意的事情做起，指出“有一些党员、干部还存在不作为、慢作为甚至是假作为的问题”。《中国共产党问责条例》将“慢作为、假作为”造成严重后果的行为，规定为需要问责的具体情形。此次修订《条例》，在第一百二十六条第五项对“不作为、乱作为”等损害群众利益行为作出处分规定的基础上，充实完善了针对“慢作为、假作为”等行为的处分规定。实践中群众反映强烈的部分党员干部服务群众积极性、主动性不强，遇到困难“推拖绕”、解决问题“假大空”等现象，都是慢作为、假作为的典型表现，折射出宗旨意识淡薄的深层“病理”。党员干部要始终牢记初心使命，厚植为民情怀，想群众之所想、忧群众之所忧、急群众之所急，真心实意为群众服务，维护好群众的切身利益。

民生无小事，枝叶总关情。党员干部要严格遵守群众纪律，坚持紧紧依靠人民、牢牢根植人民、不断造福人民，用心用情做好涉及群众的各项工作，努力让人民群众的获得感成色更足、幸福感更可持续、安全感更有保障。

（中央纪委国家监委法规室　《人民日报》2024 年 06 月 20 日第 07 版）

树牢群众观点，贯彻群众路线

——以主题教育为契机学方法增本领

学习运用“千万工程”蕴含的发展理念、工作方法和推进机制，把学习推广“四下基层”优良传统作为重要抓手，通过“解剖一个问题”推动“解决一类问题”……主题教育开展以来，广大党员、干部坚持不懈用习近平新时代中国特色社会主义思想凝心铸魂，把这一重要思想的世界观、方法论和贯穿其中的立场观点方法，转化为干事创业的本领和推进高质量发展的成效。

科学的世界观和方法论是我们研究问题、解决问题的“总钥匙”。我们这么大一个党，领导着这么大一个国家，推进着前无古人的开创性事业，必须坚持正确的方法、拥有过硬的本领。新时代以来，党和国家事业之所以取得历史性成就、发生历史性变革，中国式现代化之所以得到成功推进和拓展，根本在于习近平新时代中国特色社会主义思想的科学指引。提出“精准扶贫”理念，指引打赢人类历史上规模最大的脱贫攻坚战；坚持山水林田湖草沙一体化保护和系统治理，全方位、全地域、全过程加强生态环境保护；提出并贯彻新发展理念，引领中国经济沿着高质量发展航道破浪前行……习近平新时代中国特色社会主义思想既部署“过河”的任务，又指导解决“桥或船”的问题，为我们改造主客观世界提供了强大思想武器，为推进中国式现代化提供了科学思想方法。

习近平总书记指出“群众路线是我们党的生命线和根本工作路线，是我们党永葆青春活力和战斗力的重要传家宝”，强调要“树牢群众观点，贯彻群众路线，尊重人民首创精神，坚持一切为了人民、一切依靠人民”，彰显了人民是创造历史根本动力的历史唯物主义基本观点，体现了“从群众中来、到群众中去”的思想方法和工作方法。任何一项伟大事业要成功都必须从人民中找到根基、从人民中集聚力量、由人民来共同完成。中国式现代化是全体人民的共同事业，也是一项充满风险挑战、需要付出艰辛努力的宏伟事业。奋进强国建设、民族复兴新征程，紧紧围绕推进中国式现代化这个最大的政治，始终站稳人民立场，紧紧依靠人民，坚持全体人民共同参与、共同建设、共同享有，汇聚蕴藏在人民中的无穷智慧和力量，才能把宏伟蓝图一步步变为美好现实。

不少领导干部感慨，“坐办公室里都是问题，走进基层就都是办法”。这是因为人民群众身处实践最前沿，对实践变化感知最敏感、感受最深切，也最聪慧，只要来到基层、走到人民群众中去，很多百思不得其解的问题就能豁然开朗、找到答案。县域经济该如何发展？当年在福建工作期间，习近平同志“七下晋江”，总结概括出“六个始终坚持”和“正确处理好五大关系”为主要内容的“晋江经验”。闽东如何实现振兴？习近平同志三次到周宁县的黄振芳家庭林场了解情况，称赞“为我们发展林业提供了一条思路”。我们各项工作实践要走好群众路线，广泛倾听人民群众的声音，决不能闭门造车、坐而论道、流于空想，更不能脱离群众的实际感受和诉求意愿，一厢情愿地任性蛮干。要自觉问计于民、问需于民，从人民群众的真知灼见中获取理论创新和实践创新灵感，从人民群众的急难愁盼中找到工作的着力点和突破口，从人民群众的喜怒哀乐中检视我们的工作。

群众的实践是最丰富最生动的实践，群众中蕴藏着巨大的智慧和力量。“领导要有水平，水平从哪里来？水平来自对客观规律的认识和掌握，而规律性的东西，正是蕴藏在广大群众的实践中。”新时代的伟大实践中，瞄着“三明医改”，全国公立医院取消药品和耗材加成，推动优质医疗资源扩容下沉，让更多群众看病不再难；北京“党建引领接诉即办”、上海政务服务“一网通办”、江苏“不见面审批”、浙江“最多跑一次”等一项项新鲜探索，不断改进和提升治理效能。推进中国式现代化是一个开创性事业，需要在实践中去大胆探索。要坚持人民主体地位，坚持加强党的领导和尊重人民首创精神相结合，坚持顶层设计和摸着石头过河相协调，注重从人民的创造性实践中总结新鲜经验、汲取创新智慧，更好把握发展规律、破解发展难题。

行之力则知愈进，知之深则行愈达。以主题教育为契机，从习近平新时代中国特色社会主义思想中悟规律、明方向、学方法、增智慧，把看家本领、兴党本领、强国本领学到手，把党的群众路线坚持好、贯彻好，我们就一定能紧紧依靠人民创造新的历史伟业。

（仲音 《人民日报》2024 年 01 月 24 日第 01 版）

用心用情下基层

“为什么堂善沟没有治理好？”在海南省海口市秀英区长流镇堂善村全村党员大会上，一名老党员提出问题。有“问”必“答”，堂善村党支部深入调研走访，听民声、访民情，激发村民参与治理的积极性。10天时间里，堂善沟畔26户村民主动拆除乱搭乱建。这成为海口市学习运用“四下基层”制度、统筹推进农村黑臭水体治理工作的生动缩影。

宣传党的路线、方针、政策下基层，调查研究下基层，信访接待下基层，现场办公下基层，是习近平同志在福建宁德工作时大力倡导并身体力行形成的工作方法和工作制度。“四下基层”，来到的是基层，抵达的是民心，夯实的是根基。新征程上，尤应传承弘扬“四下基层”优良作风，努力走好新时代党的群众路线。

捧出真心，带着感情下基层。下基层，深入群众，既要身到，更要心到、情至。俗话说，“锅不热，饼不贴”。倘若没有甘为孺子牛的姿态，没有对群众的满腔热忱，即使人下去了，心也难免有隔阂。焦裕禄风雪天访贫问苦，看望老人；孔繁森借钱抚养孤儿，用自己身体为藏族老阿妈暖脚疗伤；廖俊波见到群众时，经常会问最近有什么想法、遇到什么困难……葆有为民赤子之心，全心全意为人民服务，群众才会把干部当亲人、家人，当友人、知己。也只有用心用情，才能既入群众家门，又入群众心门，让工作如春风化雨、润人心田。

激发智慧，带着思考下基层。到基层去，需要下一番真功夫。“时代楷模”

黄诗燕扎根脱贫一线、鞠躬尽瘁，担任湖南省炎陵县委书记的9年里走遍全县120个村庄。山多地少，出路在哪里？不少老乡家里种了黄桃，为什么经济效益却不好？通过深入调研与思考，黄诗燕提出，农业发展重点是抓好生态特色产业。在他的倡议下，县里成立黄桃产业办、黄桃协会，推动“炎陵黄桃”打响了品牌，做大了产业。胸怀“国之大者”，带着对现实问题的思考，沉下去做宣传、搞调研、做接访，才能有的放矢，既弄清“是什么”，又弄清“为什么”“怎么办”。

肩负使命，带着责任下基层。为着解决困难去工作、去奋斗，是我们党的优良传统。当年，习近平同志三进下党访贫问苦、现场办公，协调解决下党村公路和水电建设、下屏峰村灾后重建等问题，造福当地群众。增强问题意识，多到困难多、群众意见集中、工作打不开局面的地方去，才能摸清社情民意，了解群众的急难愁盼。以“时时放心不下”的责任感，践行初心使命，破解发展难题，办好惠民利民实事，才能用党员、干部的“辛苦指数”换取群众的“幸福指数”。

基层是国家治理的神经末梢，也是党和政府联系服务群众的“最后一公里”。把为民造福作为最大政绩，充分运用好“四下基层”这个重要抓手，深入实际、深入基层、深入群众，想人民之所想，行人民之所嘱，我们就一定能提升基层治理精细化、精准化水平，不断把人民对美好生活的向往变为现实。

（向贤彪 《人民日报》2024年01月05日第04版）

第四篇

清正廉洁，做优良传统的继承者

反腐败一步不停歇、半步不退让

电视专题片《反腐为了人民》中，四川省射洪市农业农村局农田建设股原股长马军在深刻忏悔时以农田稻麦“内里”清白作比，一句“我们挣这个钱，你再怎么剥，它都是黑的”发人深省。腐败侵蚀社会肌理、蠹食民心国本，更是危害党的生命力和战斗力的最大毒瘤。

全面从严治党永远在路上，反腐败是最彻底的自我革命。习近平总书记在二十届中央纪委四次全会上强调：“要始终保持反腐败永远在路上的坚韧执着，保持战略定力和高压态势，一步不停歇、半步不退让”。党的十八大以来，以习近平同志为核心的党中央把全面从严治党纳入“四个全面”战略布局，开展史无前例的反腐败斗争，反腐败斗争取得压倒性胜利并全面巩固，成效有目共睹。但也要清醒看到，当前新型腐败、隐性腐败花样翻新，腐败存量尚未清除，增量还在持续发生，反腐败斗争形势仍然严峻复杂，务必坚持“一步不停歇、半步不退让”。

“一步不停歇、半步不退让”源自我们党对初心使命的笃行坚守。我们党自成立之日起，就把为中国人民谋幸福、为中华民族谋复兴作为自己的初心和使命，始终旗帜鲜明反对腐败，坚决与一切腐败现象、腐败分子作斗争，以党的自我革命引领伟大社会革命，赢得了“两个历史主动”。全面从严治党没有禁区、不存特区、更不设盲区，就是坚决防止党因腐败蔓延而变质褪色、因“四风”不治而正气不盈、因特权行为而失掉民心，党的初心使命让我们党在反腐败斗争中不能停，更不能退。

“一步不停歇、半步不退让”源自我们党对反腐败斗争规律性认识的清晰把握。冰冻三尺非一日之寒。纵观历史，腐败和权力往往相伴而生。只要拥有权力就有被腐蚀的风险。反腐败稍一松劲，腐败问题即会死灰复燃。我们党深刻认识这一规律，清晰认识到腐败的顽固性和危害性绝不能低估，对腐败的斗争绝不能有丝毫懈怠，必须将反腐败斗争进行到底。毛泽东同志指出：“进京赶考”“决不当李自成”。邓小平同志强调：“我们要反对腐败，搞廉洁政治。不是搞一天两天、一月两月，整个改革开放过程中都要反对腐败。”新时代以来，以习近平同志为核心的党中央坚定不移推进全面从严治党，取得历史性、开创性成就，产生全方位、深层次影响。同时，也有人认为反腐败斗争似乎可以“歇一歇”“缓一缓”，甚至可以“鸣金收兵”；有人认为腐败现象根深蒂固，屡禁不止，似乎看不到彻底解决的希望。对于这些错误认识，要坚决予以澄清，廓清思想迷雾。要坚持以历史眼光，从治国理政的战略高度深刻理解全面从严治党的长期性、艰巨性、复杂性，进一步坚定反腐败斗争的决心和信心。

做到“一步不停歇、半步不退让”，要在“三性”上重点着力。一是筑牢底线的“刚性”。要执行党纪国法，严格落实中央八项规定及其实施细则精神，对攫取国家和人民利益、侵蚀党的执政根基、动摇社会主义国家政权的人，对那些在党内搞政治团伙、小圈子、利益集团的人，毫不手软、坚决查处。二是保持斗争的“韧性”。坚持“咬定青山不放松”的实干韧劲，始终保有承压不折、遇难不避的意志和决心，坚持管党治党不放松、正风肃纪不停步、反腐惩恶不手软，敢于迎难而上，保持战略定力，以零容忍态度旗帜鲜明、雷厉风行向顽瘴痼疾开刀，坚决同一切损害党的先进性和纯洁性的因素作斗争、同一切损害人民群众利益的腐败现象作斗争。三是坚定反腐败斗争的长期性。要深刻认识全面从严治党和反腐败斗争的长期性，把全面从严治党作为党的长期战略、永恒课题，深入推进风腐同查同治，持续推动全面从严治党向基层延伸，切实将严的基调、严的措施、严的氛围长期坚持下去，坚决克服松劲歇脚、疲劳厌战的情绪，以钉钉子精神将反腐败工作常抓不懈、一抓到底。

遵道而行，但到半途须努力；会心不远，要登绝顶莫辞劳。全面从严治党步履不停、恒心不减，必将以澎湃的正能量汇聚起干事创业的磅礴力量。

（王子潇　《人民日报》2025 年 03 月 03 日第 09 版）

纠“四风”一步不停歇

“廉不廉看过年，洁不洁看过节”，节日是观察干部作风的重要窗口。2025年春节，不少干部切身感受到风气之变：迎来送往少了，饭局应酬少了。同志关系更加清爽，党员、干部联系群众更加密切、服务群众更加用心，共同度过一个祥和、顺心年。

清廉过节，离不开持之以恒纠治“四风”。2024年底，中办国办印发《关于做好2025年元旦春节期间有关工作的通知》，倡导勤俭文明廉洁过节，持之以恒纠“四风”树新风；中纪委印发通知要求做好2025年元旦春节期间正风肃纪工作。各地紧盯节日期间易发的“四风”问题，以强有力监督执纪问责，持续净化节日风气：天津市督促各级党组织和党员、干部恪守“十严禁十不准”要求；浙江省通报6起违规收受礼品礼金、接受可能影响公正执行公务的宴请等违反中央八项规定精神问题的典型案例……一个节点一个节点坚守，一个问题一个问题突破，铁规发力、禁令生威，让党员、干部不断筑牢清廉过节的思想防线。

清廉过节，反映出近年来作风建设取得的实实在在的成效。重庆市永川区党员、干部反映“指尖”上的负担轻了，有了更多精力走村入户，看看群众过节还有什么需求；四川省雅安市政务服务中心窗口春节不打烊，确保群众可以正常缴纳水电费、补办身份证……驰而不息的努力，让广大干部群众切身感受到许多可喜的变化：抓干事创业的更多了、搞形式主义的少了；勤俭务实的多了、奢侈浪费的少了；干部作风更实了、社会风气更好了。

同时，也要清醒地认识到，作风问题具有顽固性、反复性，作风建设不会一劳永逸，必须抓常、抓细、抓长。近年来，一些“四风”问题改头换面、由明转暗，呈现“自调节”“自适应”的特点：有的埋单对象由公款转向私营企业主、从本级变为下级和利益关联方，有的快递送礼、虚列开支套取公款，还有的躲到私人会所、内部食堂、农家乐等隐蔽场所吃喝玩乐……这些隐形变异现象既反映出不正之风发生的空间越来越小，也说明作风问题顽固复杂、不会轻易消失。必须克服松劲歇脚、疲劳厌战的情绪，把严的基调、严的措施、严的氛围长期坚持下去，守住重要节点、紧盯关键环节，下更大功夫打好作风建设攻坚战、持久战。

纠“四风”一步不停歇。新征程上，坚定不移加强作风建设，不断加固中央八项规定堤坝，着力推动正风反腐一体深化，就能不断以清风正气凝聚起干事创业的强大动力。

（耿磊　《人民日报》2025 年 02 月 11 日第 19 版）

减负松绑跑起来

春晚小品《花架子》里，有这样一个情节：镇长看到沿街商户玻璃脏了，提醒“玻璃该擦擦了”，被传达为“一周一擦”，最后演变为“一天一擦”。“建议”变成“要求”，层层加码执行，小品把形式主义如何加重基层负担，表现得直观而深刻。

节后首个工作日，中央层面整治形式主义为基层减负专项工作机制会议召开，释放出整治形式主义、持续为基层减负的鲜明信号，传递着重实干、做实功、求实效的鲜明导向。

中国式现代化这场接力跑，必须一棒接一棒、一步接一步。2025年，“十四五”规划要收官，进一步全面深化改革要继续推进，经济社会发展各项目标任务繁重，无论是深化改革，还是推动发展，关键在干。

干事创业，关键在人；抓好落实，重在基层。人的时间和精力是有限的。如果冗余的文书工作、繁琐的考核指标、低效的督导检查，挤占了基层干部的大量时间和精力，就必然会影响服务群众和基层治理各项具体工作的落实。同时，加班加点做无用功，不仅于事无补，还会挫伤基层干部的精气神、积极性。

当前，形式主义仍一定程度、一定范围存在，新问题、新表现还在出现。面对顽瘴痼疾，整治工作必须得其法，才能收其效。

“多头报”“重复报”是基层工作者普遍的困扰。重庆永川区启动“一表通”智能报表改革，推动表格“瘦身”、数据共享，中山路街道月均处理报表数由 110 多张减至 15 张，需要承担报表工作的干部由约 80 人减至 8 人。

整治违规借调，规范过度留痕，减轻“初稿压力”……减负，就是把那些占用时间同时毫无意义或不该基层承担的事项减掉。找准了痛点、难点、堵点，才能避免成为走过场或者增加新负担；不必要的负担，往往根子在上面，多从源头和上级找问题，多在制度机制上下功夫，才能抓常抓长，避免雨过地皮湿。

同时也要清醒认识到，为基层减负，目的是提升工作实效，必须同步“增能”。

前些年，政务新媒体一度“村村点火，户户冒烟”，不仅增加干部“指尖上的负担”，百姓也难得实惠。针对问题，不少地方一方面停止没有实际效用的账号，一方面做优做强主账号，强化联系、服务、凝聚群众功能。近几年一些地方涌现了不少老百姓认可的政务平台，比如办事就上“浙里办”成为当地群众下意识的反应，“游云南”让数亿人次游客“一机在手，全程无忧”。

事实证明，减负不仅不会减责，还会促进干部更好担负起应尽之责。因此，评价减负成效，也要在实践中看效果，既看无谓负担是不是真轻了，更看工作实绩是不是提升了。

会少了，往田间地头跑得多了，一名村干部在谈到减负效果时，说现在忙得充实、忙得踏实。减负，减的是无谓负担，去的是思想包袱；增的是真抓实干的时间，添的是敢想能干的劲头。

一年春作首，万事行为先。以减促干，把干事的热情、潜力、活力激发出来，把各方面的拼劲、干劲、闯劲带起来，就一定能干出好成绩。

（何娟　《人民日报》2025 年 02 月 10 日第 04 版）

把握“两个历史主动”，创造新的历史伟业

——以党的自我革命引领社会革命①

反腐为了人民，反腐的成效，人民最有发言权。

“整治以后，再来办业务，车管所工作人员态度比以前好了，业务办理得也更快。”这是山西运城市临猗县货车司机董晓华的由衷感慨。

此前，该车管所的相关人员层层设卡，把服务窗口变成收费窗口，让“工作台”异化为“收银台”，不仅对违规车辆收取好处费，不给钱的正常车辆也会被刁难。

群众身边的不正之风和腐败问题，互相交织、同根同源。运城市坚持风腐同查同治，对车辆管理整个领域进行彻查，并以此为契机规范行业秩序，获得了人民群众赞许。

推动反腐败斗争向基层延伸、向群众身边延伸，净化了基层政治生态，让百姓可感可及，让党群关系更加密切。这正是新时代反腐败斗争取得历史性成就的生动体现。

新时代以来，推进全面从严治党和反腐败斗争力度之大前所未有，成效有目共睹。在二十届中央纪委四次全会上，习近平总书记深刻指出，我们“赢得了确保党不变质、不变色、不变味的历史主动，赢得了党团结带领全体人民为强国建设、民族复兴伟业共同奋斗的历史主动”。深刻领悟“两个历史主动”，对于进一步坚定反腐败斗争的决心和信心、以党的自我革命引领社会革命具有重要意义。

何为“历史主动”？今昔对比，能够看得更清楚。

曾几何时，形式主义、官僚主义、享乐主义和奢靡之风的“四风”问题广受诟病，不良作风成为横亘在干部和群众之间的“无形之墙”。一些领域消极腐败现象易发多发，不仅大案要案时有发生、令人触目惊心，而且群众身边的腐败现象较多存在。甚至有人认为，自我革命是“抓着自己的头发把自己提起来”，是“不可能完成的任务”。

面对贪污腐败和不正之风，面对各种猜测和质疑，是畏葸不前、随波逐流，还是动真碰硬、主动出击？

在关键时刻，时代听到了这样的回答：“如果任凭腐败问题愈演愈烈，最终必然亡党亡国。”把党风廉政建设和反腐败斗争放在关系党和国家生死存亡的高度进行审视，体现着思想认识上的高度清醒自觉。

在紧要关头，历史见证这样的行动：党的十八大以来，以习近平同志为核心的党中央以“得罪千百人、不负十四亿”的使命担当，“明知山有虎、偏向虎山行”的坚定决心，“永远吹冲锋号、永远在路上”的坚韧执着，坚决把党风廉政建设和反腐败斗争进行到底，不断纯洁干部队伍，维护了党的形象，巩固了红色江山。

过去一年，“打虎”无禁区，58 名中管干部接受审查调查，保持高压态势；“拍蝇”零容忍，查处群众身边不正之风和腐败问题超 70 万件。

随着全面从严治党向纵深推进，党在革命性锻造中更加坚强有力，广大党员干部受到思想淬炼、精神洗礼，信念更加坚定、作风更加扎实。

实践充分表明，永葆党的肌体健康、先进纯洁，党才能始终赢得历史主动、立于不败之地。

“学校食堂的饭菜种类多了，也比以前好吃了！”在河南洛宁县第一实验中学食堂，“校园餐”整改行动守护了孩子们“舌尖上的安全”。

“村里的 200 亩撂荒地全部得到修复，2024 年种的 150 亩玉米、50 亩油葵已经收获归仓。”在山西阳泉市矿区，一度被非法占用的村集体土地重焕生机。

“打虎”“拍蝇”“猎狐”多管齐下，广大群众自发点赞：“共产党的好作风又回来了！”正是因为坚持人民群众反对什么、痛恨什么，就坚决防范和纠正什么，反腐败斗争赢得了人民群众的衷心拥护，增进了干群间的“鱼水之情”。

口口相传的赞誉，连起来就是清白政声；家家户户的小账，合起来就是民心大账。人心之所向，众望之所归，反腐败斗争力重千钧、势不可挡。

黑龙江佳木斯市纪委监委开展7次蹲点监督，通过换位体验精准提出40多条意见建议，切实为基层减负赋能。基层干部直言：“网格事项和考核指标精简了，上报的台账表格也少了，我们有更多的时间走访入户了。”

上海静安区纪委监委聚焦中小微企业融资难的痼疾，有效发挥政治监督作用，积极推动职能部门、金融企业履职尽责。目前已有近20家企业获得知识产权质押融资服务，资金难题得到有效解决。

以好形象感召人，以好生态培育人，以好作风凝聚人，我们党把14亿多人紧紧团结在一起，为强国建设、民族复兴伟业共同奋斗。

腐败是我们党面临的最大威胁，反腐败是最彻底的自我革命。一位外国人士评价：“反腐是一场会经历阵痛的自我革命。但是中共彰显了自身的态度——他们不惧怕这种阵痛，也经得起阵痛。”

坚持用改革精神和严的标准管党治党，把全面从严治党引向深入，把党的伟大自我革命进行到底，就能确保党始终成为中国特色社会主义事业的坚强领导核心，团结带领全体人民把中国式现代化的宏伟蓝图变成美好现实。

（本报评论部 《人民日报》2025年02月10日第05版）

保持永远在路上的坚韧执着

——以党的自我革命引领社会革命②

搬到同一个小区，聘用同一个保姆，先熟络感情，再勾兑利益……反腐专题片《纵深推进——贵州正风肃纪反腐》中，一个行贿者竟以如此方式“围猎”自己的“发小”，铺垫之久、用心之深，令人吃惊。

不法分子不择手段、变着花样展开“围猎”，对党员干部是个长期考验，一次不慎，就可能陷入泥淖。近年来，一些干部因此落马。可见，诱发腐败的“污染源”依然存在，清除腐败这个最大威胁任重道远。

在二十届中央纪委四次全会上，习近平总书记指出：“当前反腐败斗争形势仍然严峻复杂。腐败存量尚未清除，增量还在持续发生，铲除腐败滋生土壤和条件任务仍然艰巨繁重。”这一重要论断，是对反腐败斗争新情况新动向的精准把握。

党的十八大以来，反腐败斗争取得压倒性胜利并全面巩固，成效有目共睹。但也要看到，反腐败斗争还远未到大功告成的时候。

从现实情况看，腐败与反腐败较量还在激烈进行。2024 年，全国纪检监察机关共立案 87.7 万件，其中涉及省部级及以上干部 73 人，纪检监察干部 3375 人。高压态势之下，仍有人不收敛、不收手、不知止，旧患尚未根除，新型腐败、隐性腐败的挑战又摆在面前。

从认识层面看，一些错误的思想和行为仍在干扰人心。官本位、特权思想等腐朽观念影响尚存，拉关系、走后门等文化糟粕仍有市场……一些腐败现象树倒根存，稍有懈怠就可能死灰复燃。

今天的反腐败斗争，已进入深水区。传统腐败和新型腐败交织，腐败问题和不正之风交织，贪腐方式不断改头换面，贪腐行为更加复杂隐蔽。巩固来之不易的反腐成果，必须准确把握腐败阶段性特征和变化趋势，更新和升级反腐对策，既严厉惩治具体的腐败行为，也着力铲除滋生腐败的土壤和条件。

习近平总书记指出："要深入推进风腐同查同治。"这一明确要求，直指现阶段党风廉政建设和反腐败斗争存在的突出问题，为新形势下推动正风肃纪反腐一体深化指明了实践路径。

反腐败是最彻底的自我革命，对腐败零容忍是我们一以贯之的态度。从老虎苍蝇一起打、保持反腐败高压态势，到风腐同查同治、力争将腐败连根拔起，新时代以来，我们党对反腐败斗争的规律性认识不断深化。

不正之风和腐败问题看上去类型不同、危害程度不同，但互为表里、同根同源。现实中，一些党员干部就是因为小事小节上模糊了边界，最终在大是大非问题上丢掉了操守。从一包烟、一饼茶、一瓶酒、一顿饭的放任自流，滑向腐化堕落的深渊，这样的案例不在少数。腐败行为则会助长不正之风，甚至催生新的作风问题。少数干部的腐败，导致一个地方、一个领域的政治生态受到严重污染，这样的教训十分深刻。

由是观之，最大限度压缩腐败滋生的空间，就不能反腐是反腐、纠风是纠风，而要双向包抄、形成配合。"由风查腐""由腐纠风"，要善于抓住"线头"、扯出"线团"，在解决具体个案问题的同时，铲除共性根源。

比如，严惩受贿者，同时追究行贿人的责任，"围猎"和被"围猎"的空间就会被压缩；严查违法违纪者，打招呼说情的也记录在案，来自外部干预的压力就会减小。坚持正风肃纪反腐相贯通，坚持系统施策、标本兼治，才能既刮掉腐肉，又净化土壤，防止反弹回潮。

从源头着力、向治本深化，意味着反腐败工作的强度增加、难度加大。这是形势所需、人民所盼，必须以永远在路上的坚韧执着，把反腐败斗争向纵深推进。

在这场远征中，要避免急于求成的心态。反腐败斗争取得压倒性胜利，但不意味着可以毕其功于一役。成绩面前，尤须保持清醒，不能低估形势的严峻性和复杂性。腐败一日未根除，就要永远吹冲锋号，把严的基调、严的措施、严的氛围长期坚持下去。

在这场硬仗中，要克服疲劳厌战的情绪。打最硬的铁，须是铁打的人。随着反腐败斗争的深入，短时期内暴露的问题可能会增多，这恰恰意味着我们敢于直面问题，正向着根本解决腐败问题的目标不断前进。要坚定必胜信心，不断提升治理腐败效能，推动风气持续向好。

腐败是人类社会的共有现象，也是严峻挑战。放眼全世界，没有任何一个政党能像中国共产党如此严肃认真地对待自身建设，如此高度自觉地以科学的态度、体系化的方式推进自我革命。行至半山不停步，船到中流更奋楫。时刻保持解决大党独有难题的清醒和坚定，一以贯之推进全面从严治党，我们就一定能够确保党永远不变质、不变色、不变味，在新的赶考之路上创造新的历史伟业。

（本报评论部 《人民日报》2025 年 02 月 12 日第 05 版）

党的自我革命必须展现新气象

——以党的自我革命引领社会革命③

反腐败一步不能停歇，全面从严治党须臾不可放松。

2025 年 1 月 17 日，国家烟草专卖局原副局长张天峰涉嫌违纪违法被查。1 月 23 日，十四届全国政协常委、农业和农村委员会副主任齐扎拉涉嫌严重违纪违法被查。

2025 甫一开年，“打虎”信息密集发布，展现出全面从严治党一刻不停歇的坚强决心，刻印下“反腐败是最彻底的自我革命”的有力注脚。

没有彻底的自我革命精神，哪有坚决同一切损害党的先进性和纯洁性的因素作斗争的底气和决心？没有全面从严治党的革命性锻造，哪有今天这样一个高度团结、坚强有力的中国共产党？

在二十届中央纪委四次全会上，习近平总书记着眼于实现新时代新征程党的使命任务，对深入推进全面从严治党作出战略部署，就一体推进不敢腐、不能腐、不想腐提出最新要求。“保持战略定力和高压态势”“一步不停歇、半步不退让”“始终坚持零容忍”“坚持打铁必须自身硬”……字里行间，彰显将自我革命进行到底的魄力与定力，为坚决打好反腐败斗争攻坚战、持久战、总体战凝心聚力。

办好中国的事情，关键在党、关键在全面从严治党。坚持用改革精神和严的标准管党治党，确保全党在思想上、政治上、行动上同以习近平同志为核心的党中央保持高度一致，始终保持党的强大创造力、凝聚力、战斗力，我们就能战胜前进道路上的一切风险和挑战。

维护党中央权威和集中统一领导，不能停留在口头上，必须落实到行动上。推进政治监督向具体聚焦、向精准问效、向常态落实，解决好“对‘国之大者’不关心，对政治要求、政治规矩、政治纪律不上心，对各种问题的政治危害性不走心，对贯彻落实党中央的大政方针不用心”等问题，才能以全党的思想统一、方向一致，确保党中央各项决策部署落地见效。

管党治党只能紧不能松。腐败是危害党的生命力和战斗力的最大毒瘤，反腐败是最彻底的自我革命。必须清醒认识到，腐败存量尚未清除，增量还在持续发生，铲除腐败滋生土壤和条件任务仍然艰巨繁重。反腐败如果回头驻足、松懈不前、心慈手软，先前的努力就会半途而废。必须深刻把握深入推进全面从严治党的战略部署和最新要求，保持“永远在路上”的坚韧执着，坚决清除一切侵蚀党的健康肌体的病毒。

一体推进不敢腐、不能腐、不想腐，是新时代全面从严治党的重要方略。因敬畏而不敢腐，靠的是利剑高悬，震慑常在，坚持受贿行贿一起查，坚持有案必查、有腐必惩；因监督而不能腐，靠的是铁规发力，禁令生威，制度的笼子越扎越紧，纪法之网越织越密；因觉悟而不想腐，靠的是涵养文化，正心修身，扎实推进新时代廉洁文化建设。“三不腐”同时发力、同向发力、综合发力，才能确保党永葆生机活力、走好新的赶考之路。

党领导的社会革命迈上新征程，党的自我革命必须展现新气象，全面从严治党既要有新的认识，也要有新的作为。让全面从严治党的思路举措更加科学、更加严密、更加有效，才能确保党永远不变质、不变色、不变味。

经过实践熔炉的淬炼，我们党对反腐败斗争的规律性认识越来越深刻、反腐败的机制越来越完善、举措越来越精准。不正之风和腐败问题互为表里、同根同源。只治腐不纠风，腐败滋生的土壤仍在。以“同查”严惩风腐交织问题，以“同治”铲除风腐共性根源，为提升正风反腐效能拓展了思路方法，让反腐败斗争更加科学长效。

政贵有恒，治须有常。全面从严治党，重在坚持、难在坚持、贵在坚持。

反腐败斗争必须坚定不移，不能有任何犹豫动摇、松懈手软或半途而废。加强党的纪律建设是一项经常性工作，建立常态化长效化的纪律教育机制，有助于引导党员干部心无旁骛改革创新、干事创业。全面从严治党是各级党组织的职责所在，党委要主动抓、主动管，纪委要把专责监督履行好。人民群众最痛恨腐败现象，只有把整治群众身边不正之风和腐败问题作为重要任务常态化地抓，才能让老百姓可感可及，持续提高满意度、获得感。

新时代全面从严治党的伟大实践，开辟了百年大党自我革命新境界。管党有方、治党有力、建党有效，必能以全党的强大正能量在全社会凝聚起推动中国发展进步的磅礴力量，引领中国式现代化行稳致远。

（本报评论部 《人民日报》2025 年 02 月 14 日第 05 版）

风腐同查同治　深化标本兼治

风腐问题同根同源，必然要求同查同治。1月6日，习近平总书记在二十届中央纪委四次全会上发表重要讲话指出："要深入推进风腐同查同治""坚持正风肃纪反腐相贯通，以'同查'严惩风腐交织问题，以'同治'铲除风腐共性根源"。

不正之风和腐败问题同根同源，都是党员干部背离初心使命、理想信念动摇、漠视群众利益的外化表现，是侵蚀党的健康肌体的病毒。当前反腐败斗争形势依然严峻复杂，坚决打好反腐败斗争攻坚战、持久战、总体战，必须不断深化对反腐败斗争的规律性认识，树立整体思维、强化系统观念，以同查同治的理念和要求一严到底纠治"四风"，一刻不停惩治腐败，推动正风反腐一体深化。

同查同治，要深挖彻查，在纠治"四风"中由风查腐，深挖不正之风背后的请托办事、利益输送等腐败问题。在电视专题片《反腐为了人民》中，一名落马官员的反思发人深省："对小事小节不太注意，最后小事就变成大事。"现实中，不少被查处的干部并非一开始就大搞贪腐，而是先从一包烟、一饼茶、一瓶酒、一顿饭等看似小事小节的作风问题上打开了缺口，由心惊胆战"首次破例"，到装腔作势"下不为例"，再到肆无忌惮"形成惯例"，最终被查处成为"典型案例"。坚持抓早抓小、防微杜渐，以钉钉子精神贯彻落实中央八项规定精神，就是要以风气的持续净化不断挤压腐败滋生的空间，斩断由风及腐的链条。

同查同治，要举一反三，以案看风、由腐纠风，严肃整治腐败背后的享乐奢靡等作风问题。政务服务窗口，一头连着党和政府，一头连着人民群众，是透视党员干部作风的一面镜子。山西运城市以查处车辆管理所里的腐败问题为契机，深入整顿车辆管理领域吃拿卡要、雁过拔毛等歪风邪气，换来百姓的舒心和笑容。对风腐问题统筹来抓、一体纠治，以典型案例透视本地区本领域不正之风的新动向，才能实现查处一案、警示一片、治理一域，不断筑牢拒腐防变的防线。

同查同治，重在标本兼治、系统施治。近年来，各级纪检监察机关在“查”上动真格，在“治”上见真章，以“查”“治”贯通阻断风腐演变。甘肃纪检监察机关构建风腐同查同审同析同治工作机制，明确在线索处置、初步核实、审查调查工作中，同步深挖细查风腐勾连问题；黑龙江做实警示教育，在编辑制作省管干部忏悔录、典型案例警示教育读本过程中，注重选取由风及腐、风腐交织的典型案例……铲除腐败滋生的土壤和条件，尤需运用系统的观念、辩证的思维，坚持党性党风党纪一起抓、正风肃纪反腐相贯通，推动防范和治理腐败问题常态化长效化。

反腐败斗争事关民心向背、前途命运，必须一步不停歇、半步不退让。以风腐同查同治营造风清气正的政治生态和干事创业的良好氛围，定能以全面从严治党新成效为推进中国式现代化提供坚强保障。

（赵成 《人民日报》2025 年 01 月 21 日第 19 版）

八项规定改变中国的文化视角

八项规定何以改变中国？从文化角度观察，可以看得更分明。

文化的力量，深沉而澎湃，可沉淀为定力，可转化成动力，可生发出活力，“总是‘润物细无声’地融入经济力量、政治力量、社会力量之中”。从中央八项规定精神落地生根的过程，可以更好理解“涵养积极健康的党内政治文化”的重要性。

作风问题本质上是党性问题，加强作风建设，离不开文化的导向、约束、教化等功能。

一方面“激浊”，既“拔烂树”也“治病树”，从查摆“官本位思想严重、权力观扭曲”问题，到清理“剥削阶级思想和腐朽生活方式”，再到“坚决破除特权思想和特权行为”；另一方面“扬清”，涵养风清气正的政治生态，牢固树立宗旨意识，充分发扬“务实功、出实招、求实效”的实干精神，树立和践行“把为民造福作为最重要的政绩”的正确政绩观……

实践证明，加强新时代廉洁文化建设，引导党员干部处理好公私、义利、是非、情法、亲清、俭奢、苦乐、得失的关系，思想道德防线就愈加牢固。

思想建党和制度治党同向发力，是我们管党治党的重要方略，实现二者的有效协同，离不开文化的智力支持和精神支撑。

用制度的笼子关住“任性的权力”，彰显的是制度规矩的效力；党员干部把他律转化为自律，内化为日用而不觉的言行准则，则有赖于思想的引领和文化的滋养。之所以驰而不息正作风、治歪风、树新风，为的正是巩固为民务实清廉的价值高地，打赢这场廉与腐、实与虚、俭与奢的价值观较量，通过不懈努力换来海晏河清、朗朗乾坤。

文化是经济和政治的反映，又影响经济和政治的发展。通过经济社会发展的新气象，可以反观八项规定是如何化风成俗的。

月饼、大闸蟹价格更加亲民，传统节日找回文化底蕴；光盘行动减少粮食浪费，守护粮食安全；坚持勤俭办一切事业，更多资金被用于支持高质量发展和保障民生；亲而有度、清而有为，营商环境不断优化……一些长期没有刹住的歪风刹住了，一些多年未除的顽瘴痼疾纠治了，作风建设的成效有力促进了经济社会高质量发展。

违规吃喝纠治了，面子文化没市场了，政商关系清爽了，谦虚谨慎、艰苦奋斗等光荣传统得到弘扬，求真务实、清正廉洁的新风正气得以树立……八项规定不仅荡涤了看得见的歪风，更带来全社会价值观念的重塑，有效解决了物化、异化等顽疾。以八项规定为引领带动，深入净化全社会的“精神生态”，正是实现“人的现代化”的题中应有之义。

“观乎人文，以化成天下。”透过八项规定深入人心、改变中国的非凡历程，可以感知以党的自我革命引领社会革命的历史逻辑，也可以感悟习近平文化思想明体达用、体用贯通的实践品格。坚定不移贯彻落实中央八项规定精神，驰而不息推进全面从严治党，一定能不断开辟中国之治新境界、书写中国奇迹新篇章。

（李斌 《人民日报》2025 年 01 月 10 日第 04 版）

筑牢不想腐的思想堤坝
加强新时代廉洁文化建设

2019 年 5 月，习近平总书记在江西考察工作时，曾引述毛泽东同志在中央苏区时期的一段话，“应该使一切政府工作人员明白，贪污和浪费是极大的犯罪”，要求广大党员干部“继承和发扬党的优良传统”“持之以恒正风肃纪，坚决清除腐败毒瘤，永葆党的政治本色”。党的二十届三中全会《决定》把“加强新时代廉洁文化建设”作为“深入推进党风廉政建设和反腐败斗争”的重要内容并作出部署。加强新时代廉洁文化建设，是一体推进不敢腐、不能腐、不想腐的基础性工程，必须抓紧抓实抓好。

从加强理论武装做起。理论上清醒，政治上才能坚定，行动上才能自觉。党的十八大以来，习近平总书记围绕加强新时代廉洁文化建设发表一系列重要论述，强调“思想纯洁是马克思主义政党保持纯洁性的根本，道德高尚是领导干部做到清正廉洁的基础”，要求广大党员干部“把干净和担当、勤政和廉政统一起来”“用廉洁文化滋养身心”。加强新时代廉洁文化建设，必须从加强理论武装做起。从一些党员干部违纪违法案例中可以看出，许多人违法乱纪都是从背离初心使命、理想信念滑坡开始的。正是由于理论学习抓得不紧，遵规守纪的“螺丝帽”出现松动，把一瓶酒、一包烟、一张卡看成“礼尚往来”，把拿一点、收一点、要一点当作“人情世故”，最终积少成多、积重难返滑向贪污腐败的深渊。因此，要教育引导广大党员干部不断加强理论武装，提高党性觉悟，牢固树立正确的世界观、人生观、价值观和权力观、政绩观、事业观，把遵规守纪内化于心、外化于行。

充分挖掘廉洁文化资源。2006年，习近平同志在《浙江日报》“之江新语”专栏撰文指出：“我们的文化传统中包含了丰富的廉政文化理念和文化实践。”我国廉洁文化历史悠久、底蕴深厚，“廉者，政之本也”“吏不廉平，则治道衰”“廉耻，士君子之大节”等，都体现了中华民族对正道、正气的追求。加强新时代廉洁文化建设，一项重要内容在于充分挖掘中华优秀传统文化中的廉洁文化资源。例如，福建省南平市纪委监委建立弘扬闽北优秀传统文化工作机制，打造环武夷山国家公园朱子廉洁文化带，创新制作“图、声、书、影”文化产品，让廉洁文化可学可悟。挖掘廉洁文化资源，重在坚持继承和创新相统一，不断赋予中华优秀传统文化中的廉洁文化资源新的时代内涵和现代表达形式，在潜移默化中教育引导广大党员干部牢固树立廉洁理念。

提升廉洁文化传播力影响力。一种文化的影响力，既表现为内容方面的感染力，也体现为效果方面的传播力。加强新时代廉洁文化建设，需要做好内容建设，多推出一些有内涵有温度、形式丰富的高品质文化产品，推动廉洁文化入脑入心，形成廉荣贪耻的社会氛围。例如，在山东省日照市莒县,《四知太守》《刘勰断案》等传播廉洁文化的剧目广受欢迎，这些剧目演出把舞台搭在村民家门口，将节目送到群众身边，推动清廉文化深入人心。在湖南省邵阳市，祁剧、宝庆竹刻、滩头年画、花瑶呜哇山歌、武冈丝弦等富有地域文化特色的艺术形式，成为廉洁文化建设的载体，以更接地气的形式让廉洁文化在人们心中落地生根。还有一些地方积极推进廉洁文化资源数字化建设，在数字化赋能、信息化管理中推动新时代廉洁文化传得更远、更广、更响。

（孙利军　高金萍　《人民日报》2025年01月09日第09版）

以彻底的自我革命精神将作风建设持续引向深入

党的作风建设是全面从严治党的重要组成部分，是党的自我革命中具有引领意义和内生作用的关键环节。2025 年 1 月 6 日，习近平总书记在二十届中央纪委四次全会上发表重要讲话强调："进入新时代，面对党内党风廉政建设和反腐败斗争的突出问题，我们坚持有腐必反、有贪必肃，不断纯洁干部队伍，维护了党的形象，巩固了红色江山，赢得了确保党不变质、不变色、不变味的历史主动，赢得了党团结带领全体人民为强国建设、民族复兴伟业共同奋斗的历史主动。"党的十八大以来，以习近平同志为核心的党中央深入推进全面从严治党，以彻底的自我革命精神将作风建设持续引向深入，为建设长期执政、朝气蓬勃的马克思主义政党提供了理论根基与实践经验。我们必须从理论内涵、历史经验、伟大成就、实践举措等方面深刻把握党的作风建设的内在蕴涵，不断将全面从严治党引向深入。

作风建设是马克思主义政党一以贯之的政治自觉

党的作风是党的性质和宗旨在实践活动中的具体体现，优良的作风和严明的纪律是马克思主义政党的鲜明特征。习近平总书记指出："对我们共产党人来讲，能不能解决好作风问题，是衡量对马克思主义信仰、对社会主义和共产主义信念、对党和人民忠诚的一把十分重要的尺子。"作风建设，就是在党的作风上开展自我革命，彰显了中国共产党作为马克思主义政党的政治自觉。

永葆党的性质的必然要求。马克思、恩格斯在《共产党宣言》中指出："在实践方面，共产党人是各国工人政党中最坚决的、始终起推动作用的部分；在理论方面，他们胜过其余无产阶级群众的地方在于他们了解无产阶级运动的条件、进程和一般结果。"马克思主义政党的先进性和纯洁性决定了共产党人必须始终坚持和发扬优良作风，将作风建设放在突出位置。一方面，党的先进性和纯洁性是党的作风的价值基础，只有一个具有先进性和纯洁性，并且没有自身特殊利益的无产阶级政党，才具有进行作风建设的必要性和可能性；另一方面，党的作风是先进性和纯洁性的外在表征，先进性和纯洁性是内蕴在党自身中的重要特质，必须时刻通过党的作风具体呈现。先进性和纯洁性建设不是一蹴而就的，也不是一劳永逸的。这些都决定了共产党人只有坚持推进作风建设，才能始终在历史变迁中保持奋进姿态、在乱云飞渡中保持从容定力。

提高党执政效能的重要环节。治国必先治党，党兴才能国强。作为世界上最大的马克思主义执政党，中国共产党是中国特色社会主义事业的坚强领导核心，党的作风直接影响到国家治理体系和治理能力现代化。国际共产主义运动的历史经验和教训表明，对于长期执政的无产阶级政党来说，消极懈怠等不良风气会影响甚至破坏党的风气和党的形象，削弱党的执政基础，弱化党的执政能力。因此，作风建设是与时俱进提高党科学执政、民主执政、依法执政水平的重要手段。良好的党内作风所形成的以党的理论和路线方针政策为指导的共识，是党团结统一、步调一致的内生动力；党的作风建设在党员干部心灵深处扎好思想的"护栏"，是党拒腐防变、自我约束的重要机制；党通过作风建设培育优良党风、涵育社会新风，使中国特色社会主义事业发展具有更加有力的保障。

巩固党的群众基础的关键保障。中国共产党始终代表最广大人民的根本利益，党的最大政治优势是密切联系群众，人民群众的支持与拥护是党在百余年奋斗中能够不断从胜利走向胜利的根本原因。习近平总书记强调："党的作风是党的形象，是观察党群干群关系、人心向背的晴雨表。党的作风正，人民的心气顺，党和人民就能同甘共苦。"相较于党的纲领、党的政策等，党及其党员在工作生活中的作风是广大人民群众对党最直观、最真切的认识。党不仅要有科学理论指导的真理力量，也要有以党的作风建设厚植的人格力量。习近平总书记深刻指出："我们不舒服一点、不自在一点，老百姓的舒适度就好一点、满意度就高一点，对我们的感觉就好一点。"深入推进党的作风建设，是党密切联系群众、赢得支持拥护、巩固群众基础的坚实保障，也是党推进历史伟业的深层次动能。

抓好作风建设是中国共产党百余年奋斗的经验总结

习近平总书记指出："我们党团结带领人民取得了革命、建设、改革的伟大成就，很重要的一条就是我们党在长期实践中培育并坚持了一整套光荣传统和优良作风。"党在长期实践中形成并坚持发扬一整套优良作风，有力推动党的事业不断向前发展，这是党在长期实践中取得的历史性成就，更是党百余年奋斗征程所积累的宝贵经验。

新民主主义革命时期，以毛泽东同志为主要代表的中国共产党人把马克思主义党的建设理论同中国具体实际和中华优秀传统文化相结合，探索推进了党的作风建设理论与实践。土地革命战争时期，党提出并践行了"三大纪律八项注意"。抗日战争时期，党创造性地以整风的形式，旗帜鲜明地反对主观主义、宗派主义、党八股，加强党的作风建设。在延安，党形成和发扬了优良革命传统和作风，形成了延安精神。1945 年，毛泽东同志在党的七大上指出："以马克思列宁主义的理论思想武装起来的中国共产党，在中国人民中产生了新的工作作风，这主要的就是理论和实践相结合的作风，和人民群众紧密地联系在一起的作风以及自我批评的作风。"这"三大作风"成为党的作风建设的重要内容。党的七届二中全会提出了"两个务必"，丰富了谦虚、谨慎、不骄、不躁和艰苦奋斗的作风建设新内容。社会主义革命和建设时期，党立足于执掌全国政权所提出的党的建设新任务，开展了卓有成效的整党整风运动，以更加有力的作风建设推进社会主义建设事业。改革开放和社会主义现代化建设新时期，党面对改革开放和社会主义市场经济的复杂局面，将党的作风建设摆在突出位置。2001 年 9 月，党的十五届六中全会通过的《中共中央关于加强和改进党的作风建设的决定》指出："党的作风建设既是一项长期而艰巨的任务，又是一项现实而紧迫的工作。"党提出作风建设"八个坚持、八个反对"的要求，开展"三讲"教育、保持共产党员先进性教育活动等。2009 年 9 月，党的十七届四中全会提出："要大兴密切联系群众之风，大兴求真务实之风，大兴艰苦奋斗之风，大兴批评和自我批评之风，以坚强党性保证党的作风建设。"中国特色社会主义新时代，以习近平同志为核心的党中央以作风建设为突破口，全面推进党的建设新的伟大工程，开辟了党的建设新境界。

习近平总书记强调："全党同志要把老一辈革命家和共产党人留下的光荣传统和优良作风传承好发扬好，勇于推进党的自我革命，坚定不移推进全面从严治党，始终保持党的先进性和纯洁性，确保党始终成为中国特色社会主义事业的坚强领导核心。"抓好作风建设、培育优良作风，是党在推进事业过程中管党治党的经验结晶。在一代代中国共产党人的探索努力下，党的作风建设内涵不断深化、外延不断扩展、体系不断完善。党对于建设长期执政的马克思主义政党所需要的党风、学风、文风、会风和思想作风、工作作风、领导作风、干部生活作风等各个方面作风建设要求进行了理论阐释和实践创新。在党的奋斗历程中凝结的优良作风，是新时代党的建设的宝贵财富，也是党的十八大以来以习近平同志为核心的党中央以自我革命精神全面推进党的建设新的伟大工程的历史资源和思想基础。

新时代党以自我革命精神推进作风建设的重大举措和历史性成就

作风问题核心是党同人民群众的关系问题。习近平总书记指出："新形势下，我们党面临着许多严峻挑战，党内存在着许多亟待解决的问题。尤其是一些党员干部中发生的贪污腐败、脱离群众、形式主义、官僚主义等问题，必须下大气力解决。"党的十八大以来，以习近平同志为核心的党中央高度重视作风建设，将其提升至关乎党的形象塑造、民心向背抉择以及党和国家命运兴衰的战略高度，以自我革命的政治勇气坚持不懈正风肃纪、锲而不舍纠治"四风"，取得了历史性、开创性成就，产生了全方位、深层次影响。

重塑政治生态，营造风清气正的政治环境。习近平总书记强调："改进工作作风的任务非常繁重，八项规定是一个切入口和动员令。"2012 年 12 月，中共中央政治局会议审议通过《十八届中央政治局关于改进工作作风、密切联系群众的八项规定》，这是党的十八大召开以后制定的第一部重要党内法规。以习近平同志为核心的党中央以身作则，率先垂范，严格执行八项规定，各地区各部门陆续制定相应规定、细则并严格贯彻落实中央八项规定精神，成为我们党作风建设的重要名片，也是党勇于自我革命的具体实践。每年召开的中央全会、中央纪委全会等重要会议，每年的中共中央政治局民主生活会、接续开展的党内集中教育，都把贯彻落实中央八项规定精神、加强作风建设作为重要内容。2017 年 10 月，《中共中央政治局贯彻落实中央八项规定的实施细则》对贯彻执行中央八项规定、推进作风建设进行细化完善、提出更高要求。2024 年 1 月，二十届中央纪委三次全会部署开展违规吃喝专项整治，严查"吃公函""吃食堂""吃老板""吃下级"等问题。在以习近平同志为核心的党中央的坚强领导下，全党上下锲而不舍落实中央八项规定精神，作风建设不断向纵深推进，刹住了一些长期没有刹住的歪风，纠治了一些多年未除的顽瘴痼疾，以作风建设新气象赢得人民群众信任拥护。

凝聚党心民心，以优良党风引领社风民风。党风作为党组织及其成员的行为风貌，是党员世界观在日常行动中的具体体现，而社风和民风作为人们所共有的精神面貌的集合体，反映了人们在公共生活中的价值取向、行为习惯及基本道德水准。党风、政风与社风、民风紧密相连，彼此深刻影响、相互塑造。习近平总书记在二十届中央纪委二次全会上强调“以优良党风引领社风民风”，深刻阐明了党风社风民风之间的关系。从遏制“舌尖上的浪费”，到多措并举遏制“天价烟酒”，再到厉行节约、反对浪费，我们党始终践行党的群众路线，畅通群众监督和举报渠道，坚决惩治“蝇贪蚁腐”，深入整治群众身边的不正之风和腐败问题，通过反腐败和作风建设扭转党风、政风，让群众从一个个具体问题的解决中切实感受到公平正义，使人民群众成为作风建设的见证者和受益者。

健全制度体系，构建创新机制与长效机制。党的制度建设具有根本性、全局性、稳定性、长期性。习近平总书记指出：“在改进作风问题上，我们不能退，也退不得，必须保持常抓的韧劲、长抓的耐心，在坚持中见常态，向制度建设要长效。”党的十八大以来，以习近平同志为核心的党中央坚持问题导向，出台和修订了一系列党内法规制度，构建了比较完备的制度体系，包括《中国共产党纪律处分条例》《中国共产党廉洁自律准则》《中国共产党党内监督条例》《关于新形势下党内政治生活的若干准则》等基础性法规，还包括《党政机关厉行节约反对浪费条例》《关于党政机关停止新建楼堂馆所和清理办公用房的通知》《党政机关国内公务接待管理规定》等党内规范性文件，为作风建设提供了制度保障。截至 2024 年 6 月，全党现行有效党内法规共 3936 部。党的十八大以来，新制定修订的党内法规占比超过 70%。经过长期实践探索，我们党以法治思想和法治方式抓作风建设，以作风建设长效机制持续巩固作风建设成果。

常抓不懈、久久为功，推进党的作风建设常态化长效化

作风建设是党的建设的永恒主题，关系到党的形象、威望和兴衰成败。

习近平总书记强调："必须常抓不懈、久久为功，直至真正化风成俗，以优良党风引领社风民风。要继续纠治享乐主义、奢靡之风，把握作风建设地区性、行业性、阶段性特点，抓住普遍发生、反复出现的问题深化整治，推进作风建设常态化长效化。"只有始终以彻底的自我革命精神不断清除党自身的问题，持之以恒纠"四风"树新风，不断整治群众身边腐败和作风问题，大力弘扬党的光荣传统和优良作风，才能使党始终成为中国特色社会主义事业的坚强领导核心。

加强理论教育，凝聚思想共识。作风建设就是要保持党同人民群众的血肉联系，是以人民为中心的发展思想对党自身提出的要求，也是不断加强理论教育增强全体党员宗旨意识的关键。习近平总书记指出："深入开展党性党风党纪教育，传承党的光荣传统和优良作风，激发共产党员崇高理想追求，把以权谋私、贪污腐败看成是极大的耻辱。"要深刻把握习近平总书记关于加强作风建设重要论述的核心要义，以理论学习中心组学习、谈心谈话、警示教育、专题辅导等多种形式不断推进理论学习常态化、制度化，以党的创新理论武装头脑，树牢宗旨意识，筑牢信仰之基，补足精神之钙，把稳思想之舵，从而深刻认识加强作风建设的重大意义，从思想深处提高认识，转变作风，推动党风政风不断向好，更好地坚持人民至上。以深刻的理论自觉保持自我革命永远在路上的清醒自觉，凝聚起以中国式现代化全面推进中华民族伟大复兴的磅礴伟力。

坚持以上率下，形成"头雁效应"。习近平总书记强调："注重破立并举，抓住'关键少数'，推动各级领导干部自觉担当领导责任和示范责任，把自己摆进去、把思想摆进去、把工作摆进去，形成'头雁效应'。"抓住"关键少数"，坚持以上率下，是作风建设的关键所在。要推动各级党委（党组）及其"一把手"切实履行作风建设主体责任，深化运用教育提醒、明察暗访、通报曝光、监督检查、严查快处、督促整改、"回头看"等方式方法，不断督促各级领导干部切实改进工作作风，从而确保责任落实落地。坚决打赢作风建设攻坚战，不能“马列主义手电筒”只照别人。领导干部必须以身作则、带头示范，身体力行，通过实际行动引导广大党员干部转变作风，形成风清气正的良好氛围。

完善体制机制，注重标本兼治。制度是作风建设的重要保障。党的二十届三中全会《决定》提出：“坚持用改革精神和严的标准管党治党，完善党的自我革命制度规范体系”。要健全相关制度，为推进党的作风建设常态化、长效化奠定坚实制度保障，从体制机制上堵塞滋生不正之风的漏洞，以改革的办法固化作风建设成果。一方面，注重建章立制，瞄准短板、找准症结，完善规章制度，并强化制度执行，做到有章必循、违规必究；另一方面，建立经常性和集中性相结合的教育机制，把加强党性教育当作基础性工作来抓，教育引导广大党员干部传承党的光荣传统和优良作风，不越纪律底线，不踩规矩红线，做遵规守纪的明白人，以优良作风为进一步全面深化改革、推进中国式现代化保驾护航。

（吴付来 《人民日报》2025 年 01 月 08 日第 09 版）

考核勿搞“繁琐哲学”

考核是指挥棒、风向标，但若名目繁多、频率过高，不仅发挥不了应有的作用，还会加重基层负担。党的二十届三中全会《决定》要求：“严格控制面向基层的督查、检查、考核总量，提高调研质量，下大气力解决过频过繁问题。”中办、国办印发《整治形式主义为基层减负若干规定》，作出“考核应当化繁为简，不搞‘千分制’”的规定，强调不搞“繁琐哲学”。这为深化拓展整治形式主义为基层减负工作提供了重要遵循。

在基层工作中，考核指标设置存在考核体系繁琐、指标细碎等问题，这反映出一些地方和部门在布置工作中奉行“繁琐哲学”。这一现象的背后，有思维方式、工作方法的问题，其实质还是形式主义、官僚主义作祟，是政绩观错位和责任心缺失。个别地方或部门以留痕多少、上报材料多少为标准，把程序上的“繁琐”当作能力、政绩的体现，这背离了正确政绩观，也同我们党的优良作风格格不入。督查检查考核，是为了发现问题、检验成效、促进工作。附加许多华而不实的考核标准，只会让基层干部疲于应付、无所适从，不仅考核效果大打折扣，而且阻碍了党中央重大决策部署的贯彻落实。

基层是贯彻落实党中央决策部署的“最后一公里”，只有把基层干部从繁琐考核中解脱出来，才能激励他们更好放开手脚、干事创业。以习近平同志为核心的党中央始终高度重视整治形式主义为基层减负。习近平总书记指出：“不能简单以留痕多少、上报材料多少来评判工作好坏”“要控制各级开展监督检查的总量和频次，同类事项可以合并的要合并进行”。日前召开的中央层面整治形式主义为基层减负专项工作机制会议强调，进一步统筹规范督查检查考核，切实把面向基层的督查检查考核总量减下来、频次统筹好。新修订的《中国共产党纪律处分条例》将“在督查检查考核等工作中搞层层加码、过度留痕，增加基层工作负担”纳入处分范围。这些铁规矩、硬杠杠，严要求、硬约束，为力破“繁琐哲学”提供了重要遵循。近年来，根据党中央部署要求，各地因地制宜、多措并举为考核“瘦身健体”。实践证明，形式主义的东西少了，基层干部抓落实的时间就多了，为群众服务的精力就足了。

同时要清醒地看到，形式主义、官僚主义之弊非一日之寒，从根子上减轻基层负担也非一日之功，要常抓不懈、久久为功。力破“繁琐哲学”，要破除思维定势、路径依赖，以考准考精考实为出发点，切实优化精简考核体系、指标和方式。地方和部门须做好“减法”，把考核总量和频次控制好、统筹好，减少一般性、常规性等导向不强的考核。加强职能部门的统筹联动，强化材料清单管理，搭建材料共享平台，精减填表报数事项。在考核设置上，立足不同地区的实际情况，根据资源禀赋和发展定位，探索实施差异化考核制度，提升考核精准度，更大限度发挥“以考促干”的效能。在考核方式上，既考察基层中心工作、重点任务的成效，又深入群众听真话、看实情，通过现场查验、动态评估等方式，全面掌握工作推进情况，推动简单考“材料”、查“痕迹”向重点考成效、看“潜绩”转变，实实在在为基层减真负、真减负，让基层干部把更多精力用到抓落实上。

（吴兴德 《人民日报》2024 年 10 月 10 日第 09 版）

筑牢不想腐的思想根基

“廉者，政之本也。”清正廉洁是中国共产党人的政治本色。推进党风廉政建设和反腐败斗争，既要猛药去疴、重典治乱，也要固本培元、凝心铸魂，不断筑牢不想腐的思想根基。习近平总书记指出：“一个干部只有把世界观、人生观、价值观的总开关拧紧了，把思想觉悟、精神境界提高了，才能从不敢腐到不想腐。”贯彻落实党的二十届三中全会《决定》关于深入推进党风廉政建设和反腐败斗争的重要部署，要求党员干部不断筑牢不想腐的思想根基。

思想是行动的“总开关”。保持清正廉洁的政治本色，根本上要靠坚定的理想信念。方志敏被俘时，国民党士兵从衣领搜到袜底，除了一块怀表和一支钢笔外，一文钱也没有搜出，搜身的士兵难以相信这位经手款项总数上百万元的共产党领导居然如此“穷酸”。西藏自治区阿里地委原书记孔繁森去世时，遗物中只有 8 元 6 角钱和去世前四天写下的关于发展阿里经济的 12 条建议。是什么支撑他们在艰苦的斗争和工作中始终一尘不染、两袖清风？从方志敏“因为我们信仰的主义，乃是宇宙的真理”的豪言中，从孔繁森“冰山愈冷情愈热，耿耿忠心照雪山”的诗句中，我们能够找到答案，那就是理想信念的力量。有了坚定的理想信念，站位就高了，眼界就宽了，心胸就开阔了，就能在各种诱惑面前立场坚定。今天，党员干部面临的诱惑、“陷阱”更加复杂多样，只有不断增强信仰、信念、信心，才能练就拒腐防变的“金刚不坏之身”。

腐败的本质是权力的滥用，树立正确的权力观是党员干部保持清正廉洁的关键，而树立正确的权力观首先要有正确的公私观。公私不分、公权私用，就不可能做到清正廉洁。县委书记的榜样焦裕禄公私分明，从不利用手中权力为自己和亲属谋私利。“任何时候都不搞特殊化”，是他为官做事的原则。妻子托他给亲戚安排工作，他却说：“我没这个权力。”焦裕禄始终克己奉公、廉洁用权，生动诠释了什么是共产党人应有的权力观、公私观。权为民所赋，权为民所用。党员干部要清醒认识到，自己手中的权力、所处的岗位，是党和人民赋予的，是为党和人民做事用的，只能用来为民谋利。要在公与私之间划一条鲜明的红线，时刻秉公心、守公道，不让权力任性“出界”，真心实意为民办实事。

心有所戒，方能行有所止。不断强化纪律意识、养成纪律自觉，时刻拿起纪律这把戒尺衡量言行，党员干部就有了拒腐防变的免疫力。在河南林州市红旗渠纪念馆中，一张张收支票据及贴着票据的炸药箱，保存完好、清晰可查。修建红旗渠时，修渠物资分类管理，出入有手续、调拨有凭据，月月清点；粮食和资金补助严格按照记工表、伙食表、工伤条等单据对照执行。十年修渠，没有发生过一起贪污腐败事件，干部群众恪守各项规章制度，红旗渠既成为一条生命渠、幸福渠，也成为一条廉洁渠。红旗渠的故事让我们感受到，制度意识、纪律意识对于党员干部保持清正廉洁格外重要。现实中，一些党员干部纪律意识淡薄，不知道党的纪律规矩是什么，或对党的纪律规矩毫无敬畏之心，将其当成摆设，这就很容易突破底线、触碰红线。我们党是用革命理想和铁的纪律组织起来的马克思主义政党。对党来说，纪律严明确保全党始终具有强大的凝聚力、战斗力。对党员干部个人来说，坚定的纪律意识是在诱惑面前保持定力、在“围猎”面前保持本色的“护身符”。把遵规守纪刻印于心，内化为心中守则，不断增强纪律自觉、加强自我约束，才能做到不放纵、不越轨、不逾矩，清清白白做人、干干净净做事，努力创造经得起实践、人民、历史检验的实绩。

（王健霞 《人民日报》2024 年 09 月 25 日第 09 版）

扛牢管党治党的政治责任

2024 年 7 月，中共中央政治局召开会议，审议《整治形式主义为基层减负若干规定》。会议指出，中央书记处要持之以恒抓住不放，中央层面整治形式主义为基层减负专项工作机制要定期督促检查，中央和国家机关各部门、各省级党委和政府在安排部署工作时要实事求是，省以下各级党委要履行好主体责任，各级纪检监察机关要强化监督执行。

全面从严治党是全党的共同责任，必须依靠全党共同努力来实现。习近平总书记强调："要健全主体明确、要求清晰的责任体系。"新时代以来，全面从严治党从党中央做起、从高级干部严起，一级示范给一级看、一级带领着一级干，把负责、守责、尽责体现到每个党组织、每个岗位上。紧紧抓住责任制这个"牛鼻子"，党中央一系列重大决策部署落地落实，管党治党宽松软状况得到根本扭转，全面从严治党开辟了百年大党自我革命的新境界。

有多大担当才能干多大事业，尽多大责任才会有多大成就。新征程上，要推动各级党组织和广大党员、干部扛牢管党治党的政治责任。

进一步严明责任。"不明确责任，不落实责任，不追究责任，从严治党是做不到的。"党的十八大以来，《中国共产党党内监督条例》《党委（党组）落实全面从严治党主体责任规定》等一系列党内法规制度明确和细化了主体责任、监督责任的具体内容，从制度上压紧压实管党治党责任。要运用好已有的制度成果并不断深化实践，分层分类建立健全责任体系，明确党委（党组）全面从严治党主体责任，明确各级纪委的监督责任，明确党委（党组）书记第一责任人责任，明确领导班子成员的管党治党责任，明确党员、干部的具体责任。通过明晰职责任务、完善责任链条，把管党治党责任落实到人、具体到事，切实推动全面从严治党不断向纵深发展。

健全精准科学的问责机制。有权必有责，有责要担当，失责必追究。党的十八大以来，党中央把问责作为全面从严治党的利器，制定实施《中国共产党问责条例》。纪检监察机关多次通报曝光管党治党不力被问责的典型案例，向全党全社会释放出失责必问、问责必严的强烈信号。问责的最终目的不是处理多少人，而是要通过问责激励干部担当作为，最终达到干事创业的目的。要不断增强问责工作的政治性、精准性、实效性，精准落实“三个区分开来”要求，完善容错纠错机制，防止出现问责不力或者泛化滥用等问题，以精准问责督促担当尽责。

扛牢管党治党的政治责任，关键在于树牢责任意识。责任是事业所赋，是使命所系，是忠诚品格、担当精神的重要体现。责任落地落实，工作才能见行见效，全面从严治党才能不断取得新成效，我们党才能始终充满生机活力。广大党员、干部要心怀“国之大者”，更加自觉地知责于心、担责于身、履责于行。尤其是党委（党组）书记作为第一责任人，要坚持从巩固党的执政地位的大局看问题，牢固树立抓好党建是本职、不抓党建是失职、抓不好党建是不称职的观念，推动责任层层落地，把党建工作抓实、抓细、抓到位。

责任重于泰山，事业任重道远。以对党、对人民高度负责的态度，把该担的责任担起来，把全面从严治党不断引向深入，我们党必将建设得更加坚强有力。

（张洋 《人民日报》2024 年 08 月 27 日第 19 版）

全方位织密制度的笼子

2024 年 7 月 30 日，中共中央政治局召开会议，审议《整治形式主义为基层减负若干规定》，用制度手段坚决纠治形式主义、官僚主义，推动为基层减负走深走实、取得实效，赢得社会广泛赞誉。

加强党内法规制度建设，是全面从严治党的长远之策、根本之策。习近平总书记在主持二十届中共中央政治局第十五次集体学习时强调："要健全科学完备、有效管用的制度体系。"

党的十八大以来，以习近平同志为核心的党中央把制度建设贯穿新时代党的建设各方面，新制定修订的党内法规占现行有效党内法规的比例超过 70%，成为党的历史上制度成果最丰硕、制度体系最健全、制度执行最严格的时期。全面从严治党永远在路上，必须紧紧围绕党和国家事业发展需要，全方位织密制度的笼子，使制度建设与管党治党需要相适应、与党的各项建设相配套，把制度优势不断转化为管党治党、治国理政的治理效能。

把规矩立起来。以党章为根本，以民主集中制为核心，以党的组织法规、党的领导法规、党的自身建设法规、党的监督保障法规为框架……如今，我们党已经形成了比较完善的党内法规体系。新征程上，我们要坚持与时俱进，把握实践要求，加强顶层设计、及时查漏补缺，让党内法规体系更加完善。党内法规体系建设，不仅要解决数量问题，更要注重解决质量问题，不仅看制度有没有，更要看制度好不好、管用不管用、能不能解决实际问题。我们应当聚焦管党治党存在的突出问题，扭住提质增效这个关键，深化党内法规制度建设改革，增强立改废释的针对性和实效性，确保各项党内法规制度立得住、行得通、管得了。

使制度严起来。制度的生命力在于执行。有了好的制度如果不抓落实，只是写在纸上、贴在墙上、锁在抽屉里，制度就会成为稻草人、纸老虎。2012 年底，中央八项规定出台。以习近平同志为核心的党中央以上率下、示范引领，锲而不舍狠抓中央八项规定执行落实，刹住了一些长期没有刹住的歪风，纠治了一些多年未除的顽瘴痼疾，这是党内法规制度严起来、硬起来、实起来的一个有力印证。新时代以来，制度的笼子越织越密，管党治党的“螺栓”不断拧紧，为全面从严治党取得历史性成就提供了坚实的制度保障。多年来的实践告诉我们，贯彻执行法规制度没有绝招，关键在真抓，靠的是严管。我们要把党内法规制度执行摆在更加突出位置，不断完善执规责任制，牢牢坚持制度面前人人平等、执行制度没有例外，坚决纠正有令不行、有禁不止的各种行为，强化刚性约束，不留“暗门”、不开“天窗”，推动广大党员、干部自觉尊规学规守规用规，确保铁规发力、禁令生威。

治国必先治党，治党务必从严，从严必依法度。制度治党、依规治党是最可靠、最有效、最持久的管党治党方式。健全科学完备、有效管用的制度体系，必将更加有力地保证全党团结统一、行动一致，为管党治党、执政治国提供更加坚实的制度保障。

（锻铁 《人民日报》2024 年 08 月 20 日第 19 版）

强化系统思维　形成监督合力

处置问题线索97.1万件，立案40.5万件，处分33.2万人……2024年7月，中央纪委国家监委通报了2024年上半年全国纪检监察机关监督检查、审查调查情况，一系列数据充分体现了纪检监察机关坚持态度不变、力度不减、重心不偏，始终保持“严”的基调不动摇。

监督是治理的内在要素，在管党治党、治国理政中居于重要地位。习近平总书记在主持二十届中共中央政治局第十五次集体学习时强调：“要健全精准发力、标本兼治的监管体系。”新时代以来，以习近平同志为核心的党中央推动健全党统一领导、全面覆盖、权威高效的监督体系，形成全面覆盖、常态长效的监督合力，为党和国家事业发展提供坚强保障。全面从严治党永远在路上，党的自我革命永远在路上。新征程上，要进一步强化系统观念，着力健全精准发力、标本兼治的监管体系，推动监督制度优势不断转化为治理效能。

坚持党性党风党纪一起抓、治病强身相结合。党性、党风、党纪是有机整体，党性是根本，党风是表现，党纪是保障。坚持党性党风党纪一起抓，正是管党治党系统思维的鲜明体现。回顾新时代全面从严治党的伟大实践，我们党坚持不懈用习近平新时代中国特色社会主义思想凝心铸魂，把党的创新理论转化为坚定信念、锤炼党性的强大力量；出台中央八项规定及其实施细则，持之以恒纠“四风”树新风；形成比较完善的党内法规体系，不断织密制度的笼子……一系列举措有力确保广大党员、干部炼就“金刚不坏之身”，确保权力的规范运行，让党在革命性锻造中更加坚强有力。锲而不舍，久久为功，要不断健全完善各项体制机制，把增强党性、砥砺作风、严守纪律贯通起来，融入日常、化为习惯，持续放大标本兼治的综合效能。

坚持党的自我监督和人民监督相结合。如何强化对权力运行的制约和监督？如何跳出历史周期率？人民监督是第一个答案，自我革命是第二个答案。这两个答案都是我们党在建设长期执政的马克思主义政党方面取得的规律性认识。在二十届中央纪委三次全会上，习近平总书记鲜明提出深入推进党的自我革命“九个以”的实践要求，其中之一就是“以自我监督和人民监督相结合为强大动力”。新征程上，我们要把党内监督同其他各类监督贯通起来，横向到边，实现统筹协同，纵向到底，延伸监督触角，确保权力运行始终处在党组织和人民群众监督之下。

坚持紧盯重点人、重点事开展监督。党的十八大以来，我们党始终坚持问题导向，坚持系统观念，有什么问题就解决什么问题，什么问题突出就重点整治什么问题，动真碰硬、抓出成效，通过对一个个突出问题的监管与整治，推动全面从严治党取得历史性、开创性成就，产生全方位、深层次影响。因此，我们要进一步管好“关键少数”，抓好领导班子特别是“一把手”监督；管到关键处，抓好“三重一大”事项监督；管住关键事，抓好权力集中、资金密集、资源富集等重点领域的监督，推动实现监督一点、治理一片、规范一域的综合效应，特别是在推进政治监督具体化、精准化、常态化上下更大功夫，确保党中央重大决策部署落地落实，确保全党始终步调一致向前进，从而为进一步全面深化改革、推进中国式现代化提供更加坚强有力的保障。

（李林蔚《人民日报》2024年08月13日第19版）

严明党的廉洁纪律　守住拒腐防变防线

——关于《中国共产党纪律处分条例》廉洁纪律修订的重点内容

廉洁纪律是党的各级组织和全体党员为确保清正廉洁，在从事公务活动或者其他活动中应当遵守的廉洁用权的行为规则，其本质要求是秉公用权，不用公权谋私利。习近平总书记指出，“一个人廉洁自律不过关，做人就没有骨气，做事就没有硬气”，强调要“依法用权、秉公用权、廉洁用权”。新修订的《中国共产党纪律处分条例》（以下简称《条例》）第八章“对违反廉洁纪律行为的处分”，划定党员不可触碰的廉洁底线，引导广大党员拒腐蚀、永不沾，做到心有所戒、行有所止。

一是旗帜鲜明反对特权思想特权现象。习近平总书记指出，领导干部严格自律，要注重自觉同特权思想和特权现象作斗争，从自己做起，从身边人管起，从最近身的地方构筑起预防和抵制特权的防护网。《条例》第九十四条第一款将党的二十大通过的党章修正案相关规定细化具体化，增写了“反对特权思想和特权现象”的内容。特权思想和特权现象的表现形式很多，其中违反廉洁纪律的行为较为集中。《条例》将反对特权思想和特权现象作为廉洁纪律第一条的内容加以强调，发挥管总作用，贯穿廉洁纪律全篇，展现了我们党以彻底的自我革命精神反对特权的一贯立场和本色，引导党员干部牢记人民公仆的角色定位，做到秉公用权、为政清廉。

二是坚决落实中央八项规定精神，以严明纪律整饬作风。习近平总书记强调，制定实施中央八项规定，是我们党在新时代的徙木立信之举，必须常抓不懈、久久为功。党的十八大以来，党中央率先垂范，坚持纠“四风”树新风并举，筑起中央八项规定的堤坝。但同时应清醒看到，享乐主义、奢靡之风不时抬头，顶风违纪现象时有发生，隐形变异行为潜滋暗长，危害不容忽视。《条例》坚持问题导向，精准靶向施治，聚焦实践中发现的新情况新问题，充实违反中央八项规定精神行为的处分规定。针对违规送礼手段升级、花样翻新的情况，在第九十八条新增第二款，明确对以讲课费、课题费、咨询费等名义变相送礼行为的处分规定。该款规定的是违规送礼，但“送”和“收”是一种对合关系，对于以上述名义变相收礼的，也要给予相应处分。针对挥霍公款的典型违纪行为，将第一百一十六条中的“违反公务接待管理规定”修改为“违反接待管理规定”，以涵盖公务、商务、外事等各种接待。此外，《条例》在第一百一十四条增写对滥发福利行为的处分规定；在第一百一十八条、第一百一十九条分别增加对违反会议活动管理、办公用房管理等规定行为进行处分的兜底条款，使得对违纪行为的涵盖更为周延，推进作风建设常态化长效化。

三是完善对党员、干部离岗离职后的从业规范，强化全周期管理。习近平总书记指出，要把从严管理干部贯彻落实到干部队伍建设全过程。《条例》针对一些党员、干部退而不休搞贪腐，或者利用在职时形成的影响力为他人谋利等问题，进一步充实对离岗离职党员、干部的管理监督。在第一百零五条充实完善对离职或者退（离）休后本人违规从业行为的处分规定，将适用对象由原来的“党员领导干部”扩展到全体党员，体现抓“关键少数”和管绝大多数相统一；相应地，扩大了离岗离职后禁止违规从业的范围，在“原任职务管辖业务”的基础上，新增了“与原工作业务直接相关”作为禁业范围，从而与公务员法等协调起来，使法规制度更为严密。实践中，认定“与原工作业务直接相关”的具体范围，要结合有关单位制定的辞去公职后从业行为限制清单进行把握。同时，《条例》新增第一百零六条，明确规定离职或者退（离）休的党员、干部利用原职权或者职务上的影响，为亲属和其他特定关系人从事经营活动谋取利益的，以及利用原职权或者职务上的影响为他人谋取利益，本人的亲属和其他特定关系人收受对方财物的，给予相应处分。对离岗离职的党员、干部作出上述规定，旨在强调党员、干部在职时不能滥用职权、谋取私利，离开岗位后这些要求也应一以贯之，不能降低廉洁标准，要做到离岗不离党、退休不褪色。

四是督促党员干部加强对亲属的教育和约束，带头廉洁治家。习近平总书记对党员干部廉以修身、廉以持家反复提出要求，强调对配偶子女等亲属一定要严格教育、严格约束。《条例》在第一百零四条第二款充实对党员干部违规为亲属经营名贵特产类特殊资源等提供帮助谋取利益的处分规定。此类行为的实质是把公权变成为亲友谋利的私器，将地方特产作为以权谋私的媒介，利用公权力打造自家的“聚宝盆”“摇钱树”，违反党的廉洁纪律，破坏社会风气和市场秩序，应当严肃惩治。同时，《条例》在第一百零七条充实完善党员领导干部对配偶、子女及其配偶违规从业行为拒不纠正的处分规定。该条规定的领导干部家属违规经商办企业中，即使领导干部本人没有实际使用职权谋取私利，但存在职务上的利益冲突，可能影响经济秩序和社会公平，也应当予以规制。2022 年，中共中央办公厅印发《领导干部配偶、子女及其配偶经商办企业管理规定》，对适用对象与情形、工作措施、纪律要求等作出规定，对不同层级、不同类别领导干部配偶、子女及其配偶经商办企业分别提出了禁业要求。实践中，各地区各单位根据本地区本单位实际，细化完善了领导干部配偶、子女及其配偶经商办企业禁业范围，领导干部要严格遵守相关规定。

廉洁自律是共产党人为官从政的底线。党员干部要深入学习理解廉洁纪律的内容和要求，坚持自重、自省、自警、自励，常修为政之德、常思贪欲之害、常怀律己之心，做到清清白白做人、干干净净做事。

（中央纪委国家监委法规室　《人民日报》2024 年 06 月 19 日第 07 版）

用好警示教育这剂“良药”

习近平总书记在山东考察时强调：“要加强警示教育，抓好以案促学、以案说纪，让心存敬畏、手握戒尺真正成为日常自觉。”

警示教育是一味“苦药”，但苦口利病；是一味“猛药”，但猛药去疴，因此实为一剂“良药”。要想让警示教育真正发挥作用，关键是广大党员、干部把自己摆进去，甘吃“良药”。人们常说，“摔个跟头换个明白。”实际上，要防止摔跟头，就要善于吃他人之堑，长自己之智。每名党员、干部都应把警示教育当作一味“良药”，提高自身免疫力。

用好警示教育这剂“良药”，不仅广大党员、干部要摆正心态，各级党组织也要推动警示教育往深里走、往实里走、往心里走。真正达到触及灵魂、震撼人心的效果，才能让党员、干部真正筑牢拒腐防变思想防线。

警示教育，要真正把自己摆进去。有病早治、无病早防，以“检身若不及”的态度，对照检视自身的一言一行，及时“扫尘治病”。观看警示教育片，违纪违法者忏悔最多的问题就是思想认识淡漠、理想信念动摇，他们已尝到苦果，成为“案中人”。片中的案例不是虚构的剧本，而是一个个沉痛的教训。如果党员、干部把自己当成“看客”，把案例当“故事”，那就可能会“后人哀之而不鉴之，亦使后人而复哀后人也”。

一把钥匙开一把锁，警示教育要突出针对性。违纪违法案例来自不同领域、涉及不同层级，不能搞成“大水漫灌”“千人一方”，必须做到分层分类、精准“滴灌”。比如，针对国企、金融、政法、粮食等重点领域的腐败现象，对同一类腐败问题进行综合剖析，深挖共性教训；针对“一把手”违纪违法案例，找准找实其在决策、用权、交往、家风等方面的突出问题，让受教育对象逐项对照检查。同时，要紧密联系实际，聚焦本地区的苗头性倾向性问题，与典型案例充分结合起来，讲清楚说明白违纪违法的成本和代价，让党员、干部自省自警、慎独慎初。

随着党纪学习教育深入开展，广大党员、干部观看警示教育片、走进反腐倡廉警示教育基地、剖析违纪违法案例等，切实将看在眼里的教训化为刻在心底的敬畏。只有常态化制度化用好警示教育这剂“良药”，推动党员、干部常怀如临如履之心，方能时刻绷紧纪律规矩这根弦，做到警钟长鸣。

（木水 《人民日报》2024 年 06 月 18 日第 19 版）

持续深化整治形式主义为基层减负

“要坚决整治形式主义、官僚主义问题，精兵简政，持之以恒抓好这项工作”“要巩固拓展主题教育成果，建立健全长效机制，树立和践行正确政绩观，持续深化整治形式主义为基层减负”，习近平总书记在湖南考察时，围绕抓好整治形式主义为基层减负工作提出了明确要求。

身处改革发展稳定第一线，基层是抓落实的“最后一公里”。新时代以来，在习近平总书记亲自部署、亲自推动下，党中央把解决形式主义突出问题和为基层减负结合起来，作为党的作风建设重要内容统筹谋划、一体推进。从《关于解决形式主义突出问题为基层减负的通知》提出一系列硬杠杠硬举措，到建立中央层面整治形式主义为基层减负专项工作机制，再到建立为基层减负反面典型案例通报曝光等机制……精准施策、靶向治疗，打出了组合拳，推动基层减负工作走深走实，基层干部有了更多时间和精力为老百姓服务。

2023 年底举行的中央经济工作会议上，习近平总书记强调“坚持为基层、企业减负，让干部群众的精力真正花在干实事上”。要清醒认识到，形式主义、官僚主义是顽瘴痼疾，就像“牛皮癣”，具有顽固性和反复性，且花样不断翻新。有的精文减会玩“数字游戏”，统筹规范督查检查考核流于形式；有的政绩观错位、事业观跑偏，层层加码提不切实际的高指标；有的地方工作应用软件过多过杂，一些基层干部疲于在各类应用软件、公号上打卡、“留痕”。抓作风建设只有进行时，没有完成时。发扬钉钉子精神，始终保持突出问题的整治力度，既解决老问题也察觉新问题，既解决显性问题也解决隐性问题，既解决表层次问题也解决深层次问题，才能让减负成果更好惠及广大基层干部和人民群众。

形式主义、官僚主义之弊非一日之寒，从根子上减轻基层负担也非一日之功。病根未除、土壤还在，就要马不离鞍、缰不松手。持续深化整治形式主义为基层减负，必须标本兼治完善长效机制。要巩固拓展主题教育成果，坚持不懈用习近平新时代中国特色社会主义思想凝心铸魂，牢固树立和践行正确政绩观，坚持以身作则、率先垂范，一级带一级，一级做给一级看，形成以上率下、上下联动的工作格局。要继续在常和长、严和实、深和细上下功夫，健全基层减负长效机制，督促落实好基层减负各项措施，强化并充分发挥常态化整治工作合力。要扎实推进基层治理体系和治理能力现代化，树立大抓基层的鲜明导向，完善重实干、重实绩、重担当的考核机制，持续推动精准问责、规范问责。

习近平总书记指出："推动高质量发展、推进中国式现代化，必须加强和改进党的建设。"越是任务艰巨，越是面临挑战，越要以过硬的作风保驾护航，提振党员干部干事创业的精气神，确保党中央决策部署在基层落地生根。深入学习贯彻习近平总书记重要讲话精神，持续深化整治形式主义为基层减负，激励干部更好担当作为、真抓实干，我们定能以作风转变促工作落实，在新征程上不断创造经得起历史和人民检验的实绩。

（仲音　《人民日报》2024 年 03 月 23 日第 02 版）

大力弘扬艰苦奋斗、勤俭节约精神

核心阅读

艰苦奋斗、勤俭节约是中华民族的优良传统，也是我们党的传家宝。新时代新征程，面对新形势新任务，要大力弘扬艰苦奋斗、勤俭节约精神，使之付诸实践、见于行动，在全社会蔚然成风。

习近平总书记高度重视粮食安全，提倡“厉行节约、反对浪费”的社会风尚，党的十八大以来多次就厉行节约、反对浪费作出重要指示，强调要制止餐饮浪费行为，要求“倡导简约适度、绿色低碳的生活方式”。全社会积极响应，把厉行节约、反对浪费落实到行动上。《中共中央办公厅关于巩固拓展学习贯彻习近平新时代中国特色社会主义思想主题教育成果的意见》提出：“督促广大党员、干部发扬艰苦奋斗、勤俭节约的优良作风，自觉养成过紧日子的习惯。”艰苦奋斗、勤俭节约是中华民族的优良传统，也是我们党的传家宝。新征程上，全党全国各族人民要坚持以习近平新时代中国特色社会主义思想为指导，大力弘扬艰苦奋斗、勤俭节约精神，以中国式现代化全面推进强国建设、民族复兴伟业。

艰苦奋斗、勤俭节约的思想永远不能丢

习近平总书记指出：“不论我们国家发展到什么水平，不论人民生活改善

到什么地步，艰苦奋斗、勤俭节约的思想永远不能丢。”弘扬艰苦奋斗、勤俭节约精神，是对中华优秀传统文化的自觉传承和历史发展规律的深入把握，是对党长期奋斗历程的深刻总结，也是对党和国家长治久安的深刻忧思。

对历史经验的深刻借鉴。中华优秀传统文化讲求“静以修身，俭以养德”，告诫人们“由俭入奢易，由奢入俭难”，强调“一粥一饭，当思来处不易”，倡导勤俭节约，不贪图安逸享受，在勤俭节约中培育不怕困难、勇于吃苦、抵御诱惑的坚强意志。艰苦奋斗、勤俭节约也是我们党的政治本色和优良传统，是我们党一路走来、发展壮大的重要保证，是共产党人党性修养和人格魅力的生动体现。革命战争时期，我们党坚持厉行节约，号召“节省每一个铜板为着战争和革命事业”。在西柏坡，我们党对可能侵蚀自身肌体的各种腐化思想保持高度警惕，提出“两个务必”。新中国成立初期，毛泽东同志号召“全国一切革命工作人员永远保持过去十余年间在延安和陕甘宁边区的工作人员中所具有的艰苦奋斗的作风”。进入新时代，习近平总书记高度重视发扬艰苦奋斗、勤俭节约精神，发表一系列重要论述，强调“能不能坚守艰苦奋斗精神，是关系党和人民事业兴衰成败的大事”“不管条件如何变化，自力更生、艰苦奋斗的志气不能丢”，等等。正是依靠艰苦奋斗，我们党带领人民发挥聪明才智、挥洒辛勤汗水、付出巨大牺牲，取得伟大成就，铸就了今日中国的蓬勃生机。

赢得发展主动权的现实需要。虽然我国已经成为世界第二大经济体，各方面实力大大增强，人民生活条件大大改善，但我们决不能丢掉艰苦奋斗、勤俭节约精神。当前，世界百年未有之大变局加速演进，世界之变、时代之变、历史之变正以前所未有的方式展开，中华民族伟大复兴进入关键时期。在实现伟大梦想的征途中，我们要深刻认识到，我国发展起来了，但我们面对的矛盾和风险不是少了，而是增多了；改革发展需要解决的问题不是简单了，而是更为艰巨复杂了。越是发展，越要奋斗。过去的辉煌成就是靠艰苦奋斗取得的，更加美好的明天仍要靠发扬艰苦奋斗精神来创造。肩负推进中国式现代化的光荣使命，面对前进道路上的风险挑战，我们要主动接过艰苦奋斗的接力棒，弘扬艰苦奋斗、勤俭节约的优良作风。

提高全社会文明程度的必然要求。人无精神则不立，国无精神则不强。新时代，在以习近平同志为核心的党中央坚强领导下，我国经济发展取得举世瞩目的成就。经济实力实现历史性跃升，人民生活水平明显提升，居民人均可支配收入从2012年的1.65万元提高到2023年的3.9万元以上。国家强盛、民族复兴需要物质文明的积累，也需要精神文明的升华。勤俭节约、杜绝浪费是社会风气良好的重要表现，而奢侈浮夸则是社会风气败坏的征兆。当前，节约光荣、浪费可耻成为越来越多人的共识，节约理念在越来越多领域得到践行，文明风尚浸润人心、健康生活方式融入日常，全社会文明程度不断提高。新时代新征程，我们要大力弘扬艰苦奋斗、勤俭节约精神，提高全社会文明程度，让全体人民拥有团结奋斗的思想基础、开拓进取的主动精神、健康向上的价值追求，推动中国式现代化建设披荆斩棘、一往无前。

增强问题意识，抓住关键环节

党的十八大以来，各地区各部门贯彻落实习近平总书记重要指示精神，采取一系列措施，大力整治浪费之风，“舌尖上的浪费”现象有所改观，特别是群众反映强烈的公款餐饮浪费行为得到有效遏制。2021年4月29日，十三届全国人大常委会第二十八次会议通过《中华人民共和国反食品浪费法》；同年10月18日，中共中央办公厅、国务院办公厅印发《粮食节约行动方案》。这些法律和政策文件共同构成了我国节约粮食工作的基础制度框架。同时要看到，从日常餐饮到社会生活各领域，一些地方和环节的浪费现象仍不同程度存在。

主观上，一些人还没有充分认识到节约的重要性。从消费群体来看，存在浪费现象的原因有的是攀比心理和虚荣心作祟，以奢为荣、追求享乐，讲排场、好面子。比如，认为点餐宁多勿少、饭菜有剩余是热情的表现；宴请大操大办，讲排场、比阔气；剩菜剩饭不好意思打包带走；等等。有的是缺乏社会责任感，认为节俭与否纯属个人行为，自身经济状况允许就可以不考虑节约，没有认识到浪费的危害性。有的青少年没有经历过物质匮乏时期，对勤俭节约的重要性难以有切身感受。从供给方来看，有的餐饮企业为了经济效益，觉得顾客点得越多越好，没有提醒顾客按需适量点餐。此外，在一些公共场所耗费公共资源时，一些人缺乏节约观念。例如，有的大型建筑内过度使用空调或加热系统，导致能源浪费。

客观上，厉行节约的技术和制度等还不完备。粮食在采收、储运、加工、销售、消费等环节存在“跑冒滴漏”现象。例如，由于过度加工较为严重，水稻在加工环节损耗较多。《中国农业产业发展报告2023》显示，到2035年，若我国粮食收获、储藏、加工和消费环节损失率分别减少1至3个百分点，可降低三大主粮损失约1100亿斤。从这个意义上讲，节约就是增产，是增加粮食有效供给的一块“无形良田”，也是提高粮食安全保障水平的重要内容。同时，在厉行节约的制度执行上还有待强化。例如，反食品浪费法明确了餐饮服务经营者的责任，如“引导消费者按需适量点餐”“可以对造成明显浪费的消费者收取处理厨余垃圾的相应费用”等，并针对违反法律规定的不同情形明确了处理标准，但在实际执行中还没有完全落实，导致震慑和警示作用不明显。

坚持久久为功，使厉行节约、反对浪费在全社会蔚然成风

习近平总书记指出：“浪费之风务必狠刹！要加大宣传引导力度，大力弘扬中华民族勤俭节约的优秀传统，大力宣传节约光荣、浪费可耻的思想观念，努力使厉行节约、反对浪费在全社会蔚然成风。”生活越来越好，但节俭

的好习惯不能丢。全社会要共同行动起来，倡导俭朴、力戒奢靡，长期坚持、久久为功，让艰苦奋斗、勤俭节约精神付诸实践、见于行动。

发挥党员干部的模范带头作用，以党风带动社会风气持续好转。毛泽东同志曾指出：“应该使一切政府工作人员明白，贪污和浪费是极大的犯罪。”党的十八大以来，以习近平同志为核心的党中央坚持以上率下，推动全党认真落实中央八项规定及其实施细则精神，持之以恒正风肃纪反腐，以钉钉子精神纠治“四风”，推动党风、政风、社会风气发生根本性变化。朴素节俭、清朗清廉之风弥足珍贵，必须保持下去、发扬光大。对于广大党员干部来说，要继承和弘扬老一辈革命家的优良传统，带头艰苦奋斗、勤俭节约，争做勤俭节约的标杆，以自己的身体力行、率先垂范，促进勤俭节约在全社会蔚然成风。

加强多方共治，形成厉行节约、反对浪费的合力。从宏观视角看，解决粮食浪费问题是一个系统工程，离不开一系列制度和法规的完善，离不开科技投入和基础设施建设，更离不开人们观念和意识的转变。要建立健全反食品浪费监督检查机制，以刚性的制度约束、严格的制度执行，坚决制止餐饮浪费行为，切实遏制消费中的各种不良现象。加大对科学种粮、储粮、运输、加工的技术支持和资金投入，制定节粮减损的针对性举措，既要加强生产源头管控，也要做好储运环节减损，更要提升加工利用水平、遏制餐饮浪费，综合施策、配套衔接，做到“产储运加消”全链条减损。餐饮服务企业要发挥示范引领作用，从优化餐品供给结构、优化餐品信息展示、强化全流程消费提醒等方面，提示消费者按需点餐、理性消费，推动建立防范食品浪费的长效机制，让勤俭节约的生活方式和消费模式成为更多人的选择。

强化宣传引导，营造崇尚节俭的社会氛围。一方面，将正面宣传和反面警示相结合，引导人们强化价值观建设和消费观养成，形成简约适度、绿色低碳的家庭生活方式。做好宣传引导，让更多人深化对粮情的认识，进一步增强爱粮节粮意识。可以结合世界粮食日、全国爱粮节粮宣传周等时点，组织开展爱粮节粮先进单位和示范家庭创建活动，对肆意浪费粮食的人和事进行批评教育。另一方面，创新宣传教育的内容和形式，增强感染力。比如，学校以开展劳动教育为契机，组织学生体验农事活动，让他们切身感受粮食来之不易，培养节俭意识和节约习惯。发挥家长在生活中的示范作用，通过言传身教培养孩子勤俭节约良好美德，让节约成为一种习惯、责任和修养。

（姜泽洵　《人民日报》2024 年 03 月 21 日第 09 版）

持续加固中央八项规定堤坝

曾经，开公车办私事问题，群众反映强烈。按照中央统一部署，公车改革循序展开，压减公车数量，强化调度监管，张贴标志亮明公车“身份”。经过一段时间探索，有地方发现，“一人一车”派车虽合理合规，却容易造成公车低效使用。通过数据整合、流程再造，让同一时间出行且目的地相近的公务人员“拼车”前往，公车周转率得到提升。敢于破除积弊，深化改革创新，助力公车的使用与管理更加科学、高效，成为落实中央八项规定精神、推动社会风气向上向好的一个生动缩影。

党的十八大以来，全面从严治党开辟了百年大党自我革命的新境界。这其中，坚决落实中央八项规定及其实施细则精神、以严明纪律整饬作风，丰富了自我革命有效途径。改进调查研究、精简会议活动、精简文件简报、改进新闻报道、严格文稿发表、厉行勤俭节约……小切口推动大变局，作风建设从“小微题材”上不断突破，书写我们党作风转变的“宏大叙事”。如今，党风、政风、社会风气持续好转，呈现出“一子落满盘活”的效果。

改进作风，以习近平同志为核心的党中央率先垂范、身体力行。党的二十大闭幕后不久，新一届中央政治局召开第一次会议，审议《中共中央政治局贯彻落实中央八项规定实施细则》。习近平总书记带领新当选的二十届中共中央政治局常委来到延安，重温住窑洞、吃粗粮、穿布衣的“延安作风”。为什么“八项规定改变中国”？其中一个关键原因就在于，以习近平同志为核心的党中央率先垂范、亲力亲为、说到做到，为全党同志树立了标杆，形成了巨大的“头雁效应”，彰显了把新时代党的伟大自我革命进行到底的坚定决心和坚强意志。

抓作风建设只有进行时，没有完成时。对违反中央八项规定精神的新情况新动向，对顶风违纪行为，必须一刻不松、露头就打，持续加固中央八项规定堤坝。党的二十大以来，截至 2023 年 11 月，全国共查处“四风”问题 11.2 万起，批评教育和处理 16.1 万人。继 2024 年元旦前夕公开通报 6 起形式主义、官僚主义典型问题后，中央纪委国家监委公开通报 7 起违反中央八项规定精神典型问题。在元旦、春节前夕进行两次通报，释放出纪检监察机关坚守节点、常抓不懈的强烈信号。持续深化纠治“四风”，既防反弹回潮又防隐形变异，推进作风建设常态化长效化，八项规定这张新时代作风建设的“金色名片”越擦越亮。

立起“严的标准”，为的是树牢“实的作风”。2023 年，全党大兴调查研究，成为坚持不懈推动落实中央八项规定精神、深化作风建设的重磅“年度印记”。江西南昌市红谷滩区围绕优化营商环境等工作，深挖问题、多谋对策，推动调研成果落实落地；山东高青县组织领导干部到一线蹲点调研，化身企业发展的“解难员”、村民致富的“领头雁”；陕西延川县梁家河村党支部，通过调研建立“问题台账”和“我为群众办实事”台账，服务群众更有抓手……广大党员、干部特别是各级领导干部扑下身子、沉到一线，运用党的创新理论研究新情况、解决新问题，真诚倾听群众呼声、真实反映群众愿望、真情关心群众疾苦，准确了解群众的所忧所盼，不断增强人民群众获得感、幸福感、安全感。

在二十届中央纪委三次全会上，习近平总书记指出“在深入推进党的自我革命实践中需要把握好九个问题”，其中之一就是“以正风肃纪反腐为重要抓手”。新的征程上，继续以钉钉子精神查作风之弊、扫行为之垢，我们定能以清风正气凝聚干事创业的磅礴力量，为开创事业新局面提供有力保障。

（李洪兴 《人民日报》2024 年 02 月 07 日第 05 版）

拓展阅读

清风正气满乾坤

——习近平总书记引领全党锲而不舍贯彻落实中央八项规定精神

“坚持用改革精神和严的标准管党治党”；

“推动党员、干部增强定力、养成习惯，以优良作风凝心聚力、干事创业”；

“中央八项规定堤坝是好不容易筑起的，一定要倍加珍惜，不断巡堤检修、培土加固”；

…………

党的作风正，人民心气顺，党和人民就能同甘共苦，我们的事业就会蓬勃发展。

党中央决定，自2025年全国两会后至7月在全党开展深入贯彻中央八项规定精神学习教育。这是对党员干部思想理论的一次再教育、再武装，是对纪律作风的一次再检阅、再提升。

中央八项规定，新时代中国共产党人一张闪亮的“金色名片”。

党的十八大以来，以习近平同志为核心的党中央从制定和落实中央八项规定开局破题，以上率下、锲而不舍加强党的作风建设，刹住了一些多年未刹住的歪风邪气，解决了许多长期没有解决的顽瘴痼疾，党风政风焕然一新，社风民风持续向好，有力推动党和国家事业取得历史性成就、发生历史性变革。

2025年是“十四五”规划收官之年，也是进一步全面深化改革的重要一年。常思常悟、细照笃行，深入学习贯彻习近平总书记关于党的建设的重要思想、关于党的自我革命的重要思想，深入贯彻中央八项规定精神，我们党必将不断焕发蓬勃生机，团结带领亿万人民在中国式现代化道路上阔步前行。

“制定实施中央八项规定，是我们党在新时代的徙木立信之举”

打铁必须自身硬

“带头严格遵守党的纪律和规矩，带头弘扬党的优良传统和作风”“坚决同各种不正之风和腐败现象作斗争”……

2024 年岁末，北京中南海，中共中央政治局召开民主生活会。会议的一项重要议程，就是听取关于 2024 年中央政治局贯彻执行中央八项规定情况的报告。

这再次向全党全社会释放出鲜明信号：中央八项规定是长期有效的铁规矩、硬杠杠。

“中央八项规定不是只管五年、十年，而是要长期坚持。”

“制定实施中央八项规定，是我们党在新时代的徙木立信之举，必须常抓不懈、久久为功，十年不够就二十年，二十年不够就三十年，直至真正化风成俗，以优良党风引领社风民风。”

习近平总书记的一系列重要讲话掷地有声，彰显了新时代中国共产党人“打铁必须自身硬”的底气和坚定不移推进全面从严治党的决心。

办好中国的事情，关键在党，关键在党要管党、全面从严治党。

时间指针拨回到 10 多年前，党的十八大胜利召开，中国特色社会主义进入新时代，一面是民族复兴的伟大使命，一面是“四大考验”“四种危险”的现实挑战。国内外都在注视着习近平总书记如何领航掌舵中国号巨轮。

2012 年 12 月 4 日，十八届中央政治局会议审议通过关于改进工作作风、密切联系群众的八项规定。改进调查研究、精简会议活动、精简文件简报、规范出访活动、改进警卫工作、改进新闻报道、严格文稿发表、厉行勤俭节约……8 个方面，600 多字，成为新时代党的自我革命的“第一刀”。

以此开局破题，绝非历史偶然。

这源自深邃高远的政治考量，“党的作风和形象关系党的创造力、凝聚力、战斗力，决定党和国家事业成败。”“党的作风就是党的形象，也是党自我革命的强大动力”。

这源自清醒坚定的惕厉自省，“工作作风上的问题绝对不是小事，如果不坚决纠正不良风气，任其发展下去，就会像一座无形的墙把我们党和人民群众隔开，我们党就会失去根基、失去血脉、失去力量。”“历史和现实都告诉我们，抓作风问题这根弦松不得，一松就可能出问题，久而久之还可能出大问题。”

抓中央八项规定贯彻落实，看起来是“小事”，但体现的是一种自我革命的精神。

习近平总书记深刻指出：“制定这方面的规矩，指导思想就是从严要求，体现党要管党、从严治党，对人民群众期盼作出积极回应，对党风政风乃至整个社会风气发挥导向作用。”

一子落，满盘活。

新时代以来，以中央八项规定为突破口，管党治党的一系列理论创新、实践创新、制度创新次第展开，层层深入。全面从严治党纳入“四个全面”战略布局，不断向纵深发展，开辟了百年大党自我革命新境界，深刻改变了政治生态和社会面貌。

中央八项规定改变中国。这是人民群众的口碑。

“实践证明，只要真管真严、敢管敢严，党风建设就没有什么解决不了的问题”

不信东风唤不回

中央八项规定，何以深刻改变中国？

动真格！

“规定就是规定，不加‘试行’两字，就是要表明一个坚决的态度，表明这个规定是刚性的。”习近平总书记话语坚定。

言必行，行必果。

贾春红是河北省阜平县一家经济型酒店的餐饮部经理，有一张菜单让她至今印象深刻。

菜单上，“热菜”一栏写着：红烧土鸡块、阜平烩菜、五花肉炒蒜薹、拍蒜茼蒿、冬瓜丸子汤。落款日期是 2012 年 12 月 29 日。

那天，习近平总书记来到阜平考察，晚上在贾春红工作的这家经济型酒店用餐。

“当时工作人员还特意交代不要上酒水，这四菜一汤也都是本地的家常菜，十个人一桌，吃得很干净。”贾春红说。

以身作则、率先垂范，党的十八大以来，习近平总书记始终严格执行中央八项规定，带动全党坚定不移推进自我革命，以优良作风奋进新时代新征程。

出行，轻车简从。党的十八大后首次出京赴广东考察，不腾道、不封路、不铺红毯，与群众直接接触、亲切交流；

住宿，简化安排。在四川芦山地震灾区，看望慰问灾区干部群众，主持召开会议直至深夜，留宿在临时板房；

用餐，家常便饭。到陕北梁家河，和乡亲们一起吃的是荞麦饸饹、油馍馍、麻汤饭；

…………

行动为令，身教为镜。新时代以来，在以习近平同志为核心的党中央坚强领导下，一系列剑指作风之弊的实招硬招频频出击，一项项针对作风建设的组合拳效果空前。

坚持问题导向，动真碰硬。

习近平总书记指出：“解决‘四风’问题，要对准焦距、找准穴位、抓住要害，不能‘走神’，不能‘散光’。”

“吃公函”“吃老板”“吃下级”……翻看2024年各级纪检监察机关的公开通报，有不少是违规吃喝典型问题。2024年，全国纪检监察机关开展违规吃喝专项整治，露头就打、寸步不让。

踏石留印、抓铁有痕。党的十八大以来，各地各部门坚持有什么问题就解决什么问题，什么问题突出就重点整治什么问题。从遏制“舌尖上的浪费”，到刹住“车轮上的腐败”、整治“会所里的歪风”，再到持续解决形式主义突出问题，深化拓展为基层减负工作……“四风”问题得到有效纠治，清正廉洁的政治生态日益巩固。

坚持系统观念，标本兼治。

习近平总书记指出：“要密切关注和分析研判党情党风新动向，坚持奔着问题去、对着根源治，既治标又治本，提高管党治党的精准性、实效性。”

前不久，上海市宝山区纪委监委收到信访举报，反映一名干部违规收受礼品礼金问题。当地纪检监察干部不仅通过“点穴式”研判，精准锁定“四风”问题调查突破口，还通过“穿透式”核查、“把脉式”谈话，逐步揭开名为市场交易、实为以虚增租赁环节侵吞国有（集体）商业网点租金差价的贪腐真相。

不正之风和腐败问题互为表里、同根同源。各级纪检监察机关坚持以“同查”严惩风腐交织问题，以“同治”铲除风腐共性根源，坚决打好反腐败斗争攻坚战、持久战、总体战。

坚持持之以恒、久久为功。

习近平总书记指出：“作风建设永远在路上，永远没有休止符，不可蜻蜓点水，不可虎头蛇尾，不可只是一阵风，否则不仅不可能从根本上解决问题，而且会导致作风问题不断反弹、愈演愈烈，最后失信于民。”

持续动真格！

十九届中央政治局第一次会议审议《中共中央政治局贯彻落实中央八项规定的实施细则》；二十届中央政治局第一次会议，审议《中共中央政治局贯彻落实中央八项规定实施细则》再次成为重要议程之一。新时代以来，每次都在特殊时间节点，对中央八项规定进行再细化再部署，释放的正是一以贯之、一抓到底的强烈信号。

全国纪检监察机关坚持一个节点一个节点坚守，端午抓公款购买粽子、中秋抓公款购买月饼、春节抓公款购买爆竹等年货节礼……2025 年 2 月 26 日，中央纪委国家监委公布了 2025 年 1 月全国查处违反中央八项规定精神问题汇总情况。这是连续第 137 个月公布全国查处违反中央八项规定精神问题数据。

曾经，一些党员干部群众存在“一阵风”的忧虑、“抓小事”的议论、“走着瞧”的心态。如今，时间给出了答案。

2021 年 6 月，建党百年前夕，习近平总书记来到中国共产党历史展览馆，在中央八项规定展板前停下脚步、仔细察看。

“八项规定要一以贯之。”习近平总书记明确要求。

驰而不息、锲而不舍，不信东风唤不回。

放眼全世界，没有哪个国家和政党，能有这样的政治气魄和历史担当，敢于大刀阔斧、刀刃向内、自我革命。如今，制度更加严格、行动更加务实、作风更加廉洁，全党全社会清风正气不断充盈，我们党在革命性锻造中更加坚强有力。

“实践证明，只要真管真严、敢管敢严，党风建设就没有什么解决不了的问题。”

“我们不舒服一点、不自在一点，老百姓的舒适度就好一点、满意度就高一点，对我们的感觉就好一点”

植根人民、造福人民

中央八项规定，也成为世界观察中国、观察中国共产党的一扇窗。

是什么，再次让世界感叹“中国共产党能”？

无私者无畏。

习近平总书记深刻指出："我们党之所以有自我革命的勇气，是因为我们党除了国家、民族、人民的利益，没有任何自己的特殊利益。"

人民，是自我革命的勇气之源、底气所在。中国共产党根基在人民、血脉在人民、力量在人民。

一个场景耐人回味——

2013 年 7 月 11 日，在调研指导党的群众路线教育实践活动中，河北西柏坡一间土坯房里，习近平总书记与基层干部群众面对面围坐一块，听取反"四风"的意见建议。

"百姓生活水平在逐渐提高，为什么感觉和我们的距离反而有点远了？"有同志直言困惑。

听了大家的发言，习近平总书记谈及我们党如何成功跳出治乱兴衰历史周期率的问题，面色凝重、意味深长："60 多年过去了……党面临的'赶考'远未结束。"

只有植根人民、造福人民，党才能始终立于不败之地；只有居安思危、勇于进取，党才能始终走在时代前列。

习近平总书记曾告诫全党："如果管党不力、治党不严，人民群众反映强烈的党内突出问题得不到解决，那我们党迟早会失去执政资格，不可避免被历史淘汰。这决不是危言耸听。"

相反，"我们不舒服一点、不自在一点，老百姓的舒适度就好一点、满意度就高一点，对我们的感觉就好一点"。

以习近平同志为核心的党中央坚持不懈推进中央八项规定精神贯彻落实，党员干部的宗旨意识进一步增强、为民造福的政绩观进一步树牢，群众从党员干部作风转变中享有的获得感也不断提升。

校园食品安全直接关系学生健康，一些不法人员从孩子口中"夺食"，群众对此有切肤之痛。

2024 年以来，全国纪检监察机关深入开展群众身边不正之风和腐败问题集中整治，严厉打击一个个民生领域“微腐败”，坚决斩断伸向群众利益的“黑手”。其中，中央纪委国家监委指导各级纪检监察机关依法查处贪占学生餐费、插手招标采购、收受回扣等问题 3.8 万件，处分 2.3 万人。

2025 年全国两会前夕，全国人大代表、甘肃省东乡族自治县伊菲种植养殖农民专业合作社理事长张忠山在调研“校园餐”管理时惊喜地发现：“如今，在学校食堂，花 7 元就能打上一荤两素加主食的套餐。价格透明、品种丰富，饭菜质量明显提高了！”

习近平总书记深刻指出：“加强作风建设必须紧扣保持党同人民群众血肉联系这个关键。”“老百姓看作风建设，主要不是看开了多少会、讲了多少话、发了多少文件，而是看解决了什么问题。‘春江水暖鸭先知’，有没有变化，老百姓体会最深。”

回顾过去的 10 多年，一场激浊扬清的作风之变涤荡神州大地，让人民群众看到了发生在身边的变化。

高档会所变身亲民茶楼，还湖还景于民，人们欣喜地说：“开心茶馆又回来了！”

红白喜事大操大办少了，铺张浪费少了，人们明显感受到，“人情负担减轻了！”

过去，有的政务服务大厅“门难进、脸难看、事难办”。如今，从“最多跑一次”到“一次也不跑”，再到“高效办成一件事”，人们由衷地说：“现在办事方便多了！”

过去，有的调研“坐着车子转，隔着玻璃看”。如今，干部下基层越来越多了，一线调研越来越实了，把屁股端端地坐在老百姓的这一面。人们发自内心地评价：“党的好作风又回来了！”

持续深化整治形式主义为基层减负，让基层干部轻装上阵。过去更多的是要求群众去做事，现在更多的是党员干部给群众办事、做服务。人们拍手称赞："干部有了精气神，我们做事有了主心骨！"

还有，公车使用规范了，超标办公用房腾退了，公务用餐严格了，公款旅游刹住了，逢年过节也不再发购物卡了……党风政风引领社风民风向善向上，勤俭节约、不尚浮华，社会主义核心价值观日益深入人心。

反"四风"树新风，中华大地清风正劲。

如今，在广袤的田野上，一批批驻村第一书记和驻村工作队挥洒汗水、辛勤耕耘；在工厂企业里，成千上万的助企联络员带来政策、带来办法、带来实实在在的帮助；在抢险救灾一线，广大党员干部冲锋在前、勇于担当，构筑起守护家园的坚固防线……

"只要有党员在行动，党旗在飘扬，我们就心中不慌。"朴实而真诚的话语，道出了人民群众对党的拥戴和信赖。

党的作风是党的形象，是观察党群干群关系、人心向背的晴雨表。

2021 年春，一段发生在广西桂林毛竹山村的对话刷屏网络——

"总书记，您平时这么忙，还来看我们，真的感谢您。"

"我忙就是忙这些事，'国之大者'就是人民的幸福生活。"

质朴温暖的话语，彰显人民领袖心系人民的深厚情怀。

一切为民者，则民向往之。历史从不偏爱哪一个政党，谁把人民放在心上，人民就把谁放在心上——

2024 年国家统计局调查显示，94.9% 的受访群众对中央八项规定精神贯彻落实成效表示肯定。

民心所向，大道无垠。在以习近平同志为核心的党中央坚强领导下，广大党员干部群众团结成"一块坚硬的钢铁"，心往一处想、劲往一处使，有力把中国式现代化不断推向前进。

“从长期的实践来看，作风建设只有起点没有终点，是个永恒的主题”

好作风护航新征程

2025年春节前夕，习近平总书记赴辽宁看望慰问基层干部群众，再次讲起了苹果的故事。

辽沈战役期间，锦州乡间的苹果熟了，行军路过的解放军战士虽然饥渴难耐，却一个都没有摘。毛泽东同志说：“不吃是很高尚的，而吃了是很卑鄙的，因为这是人民的苹果。”

上次是2022年秋，在辽沈战役纪念馆，习近平总书记讲完这段故事，语重心长地说：“这样的苹果，我们现在也不能吃。”

好传统弘扬新时代，好作风护航新征程。

习近平总书记指出：“从长期的实践来看，作风建设只有起点没有终点，是个永恒的主题。”

加强党的作风建设、贯彻中央八项规定精神，是新时代以来历次党内集中学习教育的重要内容。如今，党中央部署开展深入贯彻中央八项规定精神学习教育，这是巩固深化主题教育和党纪学习教育成果、纵深推进全面从严治党的重要举措，是密切党群干群关系、巩固党的执政基础的必然要求，是推进中国式现代化的有力保障。

理论武装越彻底，实践行动就越自觉。广大党员干部要深刻领悟“两个确立”的决定性意义，不断增强“四个意识”、坚定“四个自信”、做到“两个维护”，往深里学、往实里干，坚持党性党风党纪一起抓，既要治标，猛药去疴、重典治乱；也要治本，正心修身、涵养文化，推进作风建设长效化、常态化，推动中央八项规定精神化风成俗。

一以贯之，激浊扬清。

不打招呼、现场查看、与相关人员谈话、查阅档案……十四届全国人大三次会议秘书处会风会纪监督组赴19个驻地，开展明察暗访，查找问题漏洞，实现所有驻地监督全覆盖。全国政协积极采用“移动履职平台”等数字化工具，把勤俭节约的原则贯穿始终。代表委员们聚精会神、履职尽责，一条条真知灼见汇聚成推动高质量发展、增进民生福祉的强大正能量。

抓作风建设，抓和不抓大不一样，严抓常抓和严一阵松一阵也大不一样。推动中央八项规定精神化风成俗，亟须我们始终保持严的基调不动摇，持续纠“四风”树新风，紧盯顽固性反复性、隐形变异问题，坚决打赢作风建设攻坚战持久战。

铁规发力，筑牢防线。

“上面千条线，下面一根针。”此前，江西省德安县对全县 13 个乡镇承担的工作事项全面起底，发现每个乡镇所需承担的各类事项多达 1100 项。

2024 年 8 月，中办、国办印发《整治形式主义为基层减负若干规定》，首次以党内法规形式制定出台为基层减负的制度规范。

德安县随即启动乡镇履职事项清单编制工作。如今，乡镇基本履职事项清单平均 116 项、配合履职事项清单平均 71 项。当地干部反映，自从有了若干规定，上级部门向基层随意摊派任务的情况明显少了。

“善除害者察其本，善理疾者绝其源。”铲除不良作风和腐败现象滋生蔓延的土壤，根本上要靠法规制度。推动中央八项规定精神化风成俗，要着眼长远、标本兼治，建立健全规章制度，把制度“笼子”扎紧，确保形成的制度行得通、指导力强、能长期管用。

由表及里，固本培元。

“学习谷文昌同志，不仅要高山仰止，还要见贤思齐，像他那样做人、为政。”2024 年 10 月，习近平总书记在福建东山县考察期间，专门参观了谷文昌纪念馆。

20 世纪五六十年代，谷文昌带领全县干部群众苦干实干，让一个风沙肆虐的荒岛变成生机盎然的东海绿洲。与此同时，爱人工资坚持不上调，坚决不安排符合条件的自家子女入公职。他经常说，对群众有利的事，再难也要办；有损党形象的事，再小也不为。

党的十八大以来，习近平总书记在多个场合讲起焦裕禄、谷文昌、杨善洲，他们的身上闪耀着党性的光辉，铸起共产党人精神的丰碑。

遵规守纪才能放手干事，干净干事才有广阔空间。干部敢为、地方敢闯、企业敢干、群众敢首创，在高质量发展的道路上，各地呈现出锐意进取、奋勇争先的生动局面。

以文化人，引领风尚。

文化的力量是无穷的。加强作风建设，离不开文化的导向、约束、教化等功能。

“一纸书来只为墙，让他三尺又何妨？”安徽桐城六尺巷的“让墙诗”，人们耳熟能详，成为家风、官德教育的鲜活素材。

2024 年 10 月，习近平总书记来到六尺巷考察时强调：“要加强历史文化保护，坚持创造性转化、创新性发展，在发展社会主义先进文化、弘扬革命文化、传承中华优秀传统文化上协同发力，打牢社会治理的文化根基。”

文以载道，以文润心。新时代以来，作风建设在深化中坚持、在坚持中深化，积极健康的党内政治文化得到涵养和发展，一系列价值观念得以重塑：一心为公的情怀，求真务实的精神，勤俭节约的风尚，清清爽爽的同志关系、规规矩矩的上下级关系、亲清统一的新型政商关系……这让我们看到了新时代党的自我革命的决心与力度，也感悟到习近平文化思想明体达用、体用贯通的实践品格。

“观乎人文，以化成天下。”

2022 年 2 月，中办印发《关于加强新时代廉洁文化建设的意见》；2025 年 1 月，二十届中央纪委四次全会提出，制定新时代廉洁文化建设三年行动计划（2025—2027 年）。

推动中央八项规定精神化风成俗，我们要把深入学习贯彻习近平总书记关于党的建设的重要思想、关于党的自我革命的重要思想与深入学习实践习近平文化思想有机结合起来，加强新时代廉洁文化建设，挖掘传统文化，倡导文明新风，不断厚植优良作风的文化根基。

咬定青山不放松，留得清气满乾坤。

当前，我国正处在以中国式现代化全面推进强国建设、民族复兴伟业的关键时期。我们紧密团结在以习近平同志为核心的党中央周围，始终把中央八项规定作为长期有效的铁规矩、硬杠杠，始终保持同人民群众的血肉联系，始终以优良作风凝心聚力、干事创业，一定能把中国式现代化宏伟事业不断推向前进。

（本报记者　张毅　张洋　赵成　《人民日报》2025 年 03 月 25 日第 01 版）

为基层减负赋能　促干部实干担当

——二〇二四年以习近平同志为核心的党中央整治形式主义为基层减负综述

2024 年岁末，北京中南海，中央政治局民主生活会召开。

会议再次聚焦作风建设，听取了关于 2024 年整治形式主义为基层减负工作情况的报告。

“整治形式主义为基层减负成效进一步彰显。”习近平总书记的重要讲话，充分肯定驰而不息抓作风，深化整治形式主义为基层减负的丰硕成果和实质进展。

一年来，以习近平同志为核心的党中央作出一系列决策部署破形式主义之弊、减基层负担之重，为基层治理赋能增效、促广大干部担当作为，凝聚起全党上下攻坚克难、砥砺奋进的强大力量。

身先示范、引领推动，习近平总书记高度重视基层减负工作

2024 年 3 月，全国两会结束不到一周，习近平总书记赴湖南考察，专门深入农村了解基层减负情况。

在港中坪村党群服务中心院子里，村党支部书记段德喜向习近平总书记汇报了切身感受到的变化：“我们村部最多的时候有 38 块牌子，现在只有 12 块了。”

牌子“瘦身”的背后是基层“担子”减轻。习近平总书记点头肯定并指出，党中央明确要求为基层减负，要坚决整治形式主义、官僚主义问题，精兵简

政，持之以恒把这项工作抓下去。

字字铿锵、力重千钧，充分彰显以习近平同志为核心的党中央一以贯之全面从严整治形式主义、为基层减负的坚强意志和坚定决心。

过去一年，习近平总书记在国内考察调研时多次走进乡村、社区等，倾听基层干部群众呼声，关心为基层减负措施落地实效。

在重庆看社区报表，深刻指出："为基层减负要明确权责，不能什么事都压给基层，基层该承担哪些工作，要把职责事项搞清楚。"

在青海谈学习教育，郑重强调："推进作风建设常态化长效化，持续深化整治形式主义为基层减负。"

在甘肃问减负成效，鲜明提出："干好有用的事，少做无用功，需要上下各方面共同努力。"

…………

习近平总书记深入地方、结合实际，一次次为基层减负指方向、明路径、提要求。

2024 年，是新中国成立 75 周年，是实现"十四五"规划目标任务的关键一年，党的二十届三中全会再启改革新篇，以中国式现代化全面推进强国建设、民族复兴伟业走过关键一程。

关键之年当有关键之为。"推动高质量发展、推进中国式现代化，必须加强和改进党的建设。"习近平总书记如是强调。

越是任务艰巨，越是挑战严峻，就越需要以过硬的作风保驾护航，就越需要以钉钉子精神持续整治形式主义，维护党中央权威，确保党中央决策部署在基层落地生根。

去虚务实，敢于动真碰硬。

这一年，习近平总书记对考核督办繁复、基层公务接待负担过重、"装修风"向基层蔓延、整治侵占耕地"挖湖造景"不力等问题作出重要批示，为持续整治形式主义为基层减负提供了科学指引和重要遵循。

政治坚定，源于理论清醒。

这一年，习近平总书记在中央经济工作会议等重要会议上，对整治形式主义、官僚主义，为基层减负作出重要论述。

“要以党纪学习教育为契机，持续深化整治形式主义为基层减负，为基层干部干事创业营造良好环境”；

“树立和践行正确政绩观，察实情、出实招、求实效，坚决防止和克服形式主义”；

“坚持求真务实，坚决反对热衷于对上表现、不对下负责、不考虑实效的形式主义、官僚主义”；

…………

举旗定向，掷地有声。一系列重要论述，体现了习近平总书记对形式主义弊病的明察秋毫，对解决形式主义突出问题为基层减负的深谋远虑。

为基层减负，是发展所需，也是民心所向。

走进田地深处关心作物长势、深入民族中学心系教育发展、察看供水工程关切饮水问题……习近平总书记在密集的地方考察行程中，深入人民群众，深切了解民意，为全党弘扬务实作风，深入调查研究作出表率。

2024 年深秋时节，习近平总书记南下湖北。在咸宁市嘉鱼县潘家湾镇四邑村党群服务中心，墙上张贴的《服务群众事项清单》，吸引了习近平总书记的目光。

“过去更多的是要求群众去做事，现在更多的是党员干部给群众办事、做服务，这是一个根本的变化。”习近平总书记说，“要持续为基层减负，让基层干部能够用更多时间和精力来服务群众。”

一年来，以习近平同志为核心的党中央心系基层、关爱干部，狠抓作风、力除积弊，把解决形式主义突出问题为基层减负的政治责任扛在肩上，在全党上下鲜明树立起为基层松绑减负、激励干部为民服务的实干导向。

改革创新、从严从实，推动为基层减负工作向治本深化

2024年8月，中央层面整治形式主义为基层减负专项工作机制会议释放鲜明信号："以改革精神和严的要求，持续整治形式主义为基层减负。"

从建章立制到通报整改、思想教育……一年来，中央层面整治形式主义为基层减负专项工作机制把整治形式主义为基层减负融入进一步全面深化改革大局，同巩固拓展主题教育成果、开展党纪学习教育紧密结合起来，严抓不放、常抓不懈，推动为基层减负工作走深走实。

党的二十届三中全会《决定》明确要求，"健全为基层减负长效机制"。

2024年8月，中办、国办印发《整治形式主义为基层减负若干规定》，首次以党内法规形式制定出台为基层减负的制度规范。

"考核应当化繁为简，不搞'千分制'""上级机关、单位原则上不得从县及以下单位借调干部""地方和部门制发文件应当进行与为基层减负一致性评估"……7方面21条具体规定，推动整治工作在制度轨道上规范化运行。

小智治事，大智治制。

最新修订的《中国共产党纪律处分条例》将"违反精文减会有关规定搞文山会海""在督查检查考核等工作中搞层层加码、过度留痕，增加基层工作负担"等行为纳入处分范围；中办、国办印发《关于加强社区工作者队伍建设的意见》在"深化减负增效"部分提出，规范社区组织的工作事务、机制牌子和证明事项。

为长远计，为根本谋。

过去一年，党中央以改革创新精神加强制度建设，把经过实践检验、行之有效的经验做法固化下来上升为制度规范，健全体制机制，让应尽之责和应减之负逐渐明晰，确保为基层减负常态化长效化。

山西省太原市清徐县违规使用资金，花费1300多万元在城市广场建设多处景观小品；四川省成都市金牛区对外交流中心存在过度装修问题；贵

州省黔西南布依族苗族自治州兴义市侵占耕地“挖湖造景”，整改存在形式主义……

2024 年 11 月，中央层面整治形式主义为基层减负专项工作机制办公室、中央纪委办公厅联合发出当年第五批整治形式主义为基层减负典型问题的通报。

通报典型案例，正是强化警示震慑、推动以案促改纠治形式主义的一个有力举措。

数据显示，2023 年底以来，中央层面公开通报 6 批 17 起典型问题，示范带动省、市两级分别通报 400 余起和近 2000 起典型问题，释放动真碰硬的强烈信号。

一名基层干部深有感触地说，党中央狠抓典型，以严的基调开展核查通报和整改整治。从通报案例来看，将“形象工程”、“面子工程”、随意设立“点赞”任务、摊派经营主体增长任务等行为纳入形式主义范畴，抓细抓实，有利于更加精准地为基层减负。

善除害者察其本，善理疾者绝其源。力戒形式主义，为基层减负，必须找准其思想症结，从根本上解决问题。

2024 年 4 月至 7 月，党纪学习教育在全党开展，学习重点正是最新修订的《中国共产党纪律处分条例》。

对此，习近平总书记提出明确要求：“巩固拓展主题教育成果，抓好党纪学习教育，持续整治形式主义为基层减负。”

固本培元，方能凝魂聚力。

深入学习条例相关处分规定进行自我查摆，将通报的典型问题作为警示教育重要内容，把落实为基层减负要求情况纳入县以上党员领导干部民主生活会对照检查重点内容……

一年来，各地区各部门把开展党纪学习教育与持续整治形式主义为基层减负紧密结合，强化理论武装，用党的纪律规范履职行为、激励担当作为，教育引导广大党员干部树立和践行正确的权力观、政绩观、事业观。

春风化雨，入心见行。基层干部纷纷表示，规定标定底线红线，通报形成震慑效应，“不敢”的意识显著增强，整治形式主义为基层减负的制度支撑更加全面、保障更加有力，“不能”的篱笆越扎越紧，全党上下形成齐抓共管的强大合力。

松绑赋能、久久为功，基层减负取得良好成效

2024 年是整治形式主义为基层减负取得明显实质性进展的一年。

找准祸节靶向施治、深化治本赋能基层、久久为功聚力提气……过去一年，全党上下持续深化整治形式主义，坚持减负和赋能同步发力，以实实在在的减负之效，焕发基层的活力与生机。

基层反映强烈的形式主义突出问题得到有效治理——

“以前社区办公室门口挂着各种牌子，我们来办事不知道去哪个办公室好。现在门口牌子少了，我们办事直接到大厅，就会有人主动接待。”在南京市浦口区桥林街道百合社区党群服务中心门口，居民王军德高兴地说，现在办事方便多了。

这是江苏聚焦村级组织整治形式主义的缩影。聚焦“牌子乱象”这一突出问题，提出针对性措施加以纠治，助力基层去繁减负，轻装上阵。

习近平总书记明确指出，对党员干部特别是基层群众反映强烈的突出问题，要发现一个整治一个；对具有一定典型性、普遍性的问题，要集中力量开展专项整治和清理，切实把基层从形式主义、官僚主义的束缚中解脱出来。

基层的“痛点”，就是整治的“靶点”。令出如山，中央层面整治形式主义为基层减负专项工作机制压实各级党委（党组）主体责任，以钉钉子精神推动破解突出问题。

一组数据，正是变化的生动写照：

整治基层“滥挂牌”问题，各地区将村（社区）办公场所外部各类牌子

规范为 4 至 6 块，因地制宜明确室内挂牌数量、名称和式样；

整改评比表彰和创建示范活动、节庆展会论坛活动泛滥“痼疾”，进行清理规范，以省部级党政机关名义举办的节庆、展会、论坛活动数量分别压减 46.3%、65.2%、48.3%；

…………

锚定突出问题，向作风之弊亮剑，以实招硬招让广大基层干部放开手脚闯、卸下包袱干。

放权赋能让基层干部有更多底气和动力抓落实——

2024 年 5 月的一个早上，广西北海市合浦县曲樟乡曲木村网格员借助“北海网格通”小程序将一桩村民土地纠纷通过合浦县网络中心终端反馈给县林业局。第二天，县林业局就出具了相关证明。

当地基层干部表示，乡村工作纷繁复杂，借助信息化手段可以减少重复工作，以数字化赋能基层工作。

减负赋能，治理提效。

从开展“一网统管”“一表同享”改革，到加大行政编制“减上补下”力度充实基层力量；从把激励关爱干部的举措落到实处，到做实乡镇（街道）的“吹哨”调度权、考核评价权、人事建议权等，增强基层在治理实践中的“话语权”……过去一年，一系列举措为基层赋能，让基层干部更有底气和信心，以好的作风振奋精神、激发斗志。

大道至简，实干为要。在整治形式主义为基层减负过程中，重视基层、关爱基层、提升基层的工作导向进一步形成，基层治理体系和治理能力现代化建设持续加强，更多政策、资源和力量下放到基层，为基层放权赋能效果逐步显现，为基层干事创业创造更好条件。

在取得良好成效的同时，当前整治形式主义为基层减负还存在一些问题和差距。少数地方和部门对工作的长期性艰巨性认识不够，推动工作被动应付、畏手畏脚，部分问题背后的思维惯性、路径依赖尚未根本扭转，一些老问题和新情况交织出现。

作风建设永远在路上，为基层减负是一场攻坚战、持久战。

强化政治引领、筑牢思想根基、健全体制机制、坚持问题导向、激发基层活力……面对新形势新任务，唯有持续发力、真抓实干，才能让基层干部以饱满的精神状态、扎实的工作作风，心无旁骛投入到工作中去，奋力开创各项事业发展新局面。

2025 年，是“十四五”规划收官之年。重任呼唤担当，实干成就未来。

在以习近平同志为核心的党中央坚强领导下，坚持标准不降、力度不减，驰而不息整治形式主义为基层减负，必将使广大党员干部以强大的凝聚力和战斗力，在强国建设、民族复兴的新征程上阔步前进，以优良作风为进一步全面深化改革、推进中国式现代化提供坚强保障。

（新华社北京 1 月 21 日电）

（新华社记者　黄玥　董博婷　王明玉

《人民日报》2025 年 01 月 22 日第 01 版）

风正好扬万里帆

——党的二十大以来以习近平同志为核心的党中央贯彻执行中央八项规定、推进作风建设综述

八项规定，深刻改变中国。

2023 年年终岁末，中共中央政治局一连两天召开学习贯彻习近平新时代中国特色社会主义思想主题教育专题民主生活会。会议的一项重要议程，即是听取关于党的二十大以来中央政治局贯彻执行中央八项规定情况的报告。

党的二十大以来，以习近平同志为核心的党中央时刻保持解决大党独有难题的清醒和坚定，坚持不懈推进中央八项规定精神贯彻落实，驰而不息推进党的作风建设，推动百年大党在自我革命中不断焕发蓬勃生机，团结带领全国人民奋进强国建设、民族复兴新征程。

不松劲、不停步，把贯彻落实中央八项规定精神一抓到底

2022 年 10 月 27 日，党的二十大闭幕不到一周，习近平总书记带领新当选的二十届中共中央政治局常委来到延安，瞻仰革命圣地。

在延安革命纪念馆，习近平总书记在“延安时期的十个没有”展板前久久驻足。展板之上，列首位的正是“没有贪官污吏”。

“当年毛泽东同志等老一辈革命家在延安，住窑洞、吃粗粮、穿布衣，用‘延安作风’打败了‘西安作风’。”习近平总书记强调，“全党同志要把老一辈革命家和共产党人留下的光荣传统和优良作风传承好发扬好，勇于推

进党的自我革命，坚定不移推进全面从严治党，始终保持党的先进性和纯洁性，确保党始终成为中国特色社会主义事业的坚强领导核心。”

踏上新征程，展现新风貌。

几个月后，一场新时代中国共产党人的“新的学习竞赛”——学习贯彻习近平新时代中国特色社会主义思想主题教育，在全党深入展开。

2023年3月30日召开的中共中央政治局会议，明确了此次主题教育具体要达到的5个方面目标，其中之一，正是“廉洁奉公树立新风”。

党的作风和形象关系党的创造力、凝聚力、战斗力，决定党和国家事业成败。党的二十大以来，习近平总书记高度重视、亲自谋划新征程上党的作风建设，一以贯之把作风建设向纵深推进——

党的二十大闭幕仅3天，主持召开中央政治局会议，重要议程之一就是审议《中共中央政治局贯彻落实中央八项规定实施细则》；

从党的二十届一中、二中全会，到中央经济工作会议、中央纪委全会，再到学习贯彻习近平新时代中国特色社会主义思想主题教育工作会议等重要场合，都对持之以恒抓好党的作风建设、贯彻落实中央八项规定精神提出新要求；

主持召开的中央政治局常委会会议、中央政治局会议，有多个议题涉及作风建设；

针对党风廉政建设、树立和践行正确政绩观、反对形式主义官僚主义、改进调查研究、推广“四下基层”、查处违规聚餐饮酒等作出一系列重要批示；

在关于政法工作、党的建设和组织工作、新时代办公厅工作、宣传思想文化工作等的重要指示中，就作风建设提出要求……

作风建设无小事。党的二十大以来，习近平总书记就持之以恒贯彻落实中央八项规定精神、深化作风建设作出一系列重要论述，进一步深化了对作风建设的规律性认识，为持续加固中央八项规定堤坝、推动作风建设常态化长效化指明了前进方向、提供了根本遵循——

对中央政治局提出明确要求，强调“中央政治局同志要对照新修订的中央八项规定实施细则，一条一条严格对标对表，不折不扣抓好贯彻落实，重点纠治形式主义、官僚主义顽疾，带头弘扬党的优良作风。”

谈作风建设重点任务，强调“要把纠治形式主义、官僚主义摆在更加突出位置，作为作风建设的重点任务，研究针对性举措，科学精准靶向整治，动真碰硬、务求实效。”

谈加强新时代廉洁文化建设，强调要“深入开展党性党风党纪教育，传承党的光荣传统和优良作风，激发共产党员崇高理想追求，把以权谋私、贪污腐败看成是极大的耻辱。”

谈党校工作，强调“各级党校要敢抓敢管、严抓严管，让学员一进党校就感受到学习之风、朴素之风、清朗之风。”

…………

党和人民事业发展到什么阶段，党的作风建设就要推进到什么阶段。风险越大、挑战越多、任务越重，越要加强党的作风建设，以好的作风振奋精神、激发斗志、树立形象、赢得民心。

激浊扬清、久久为功。在以习近平同志为核心的党中央坚强领导下，全党上下锲而不舍贯彻落实中央八项规定精神，不断把作风建设引向深入，一个充满活力的马克思主义政党正以优良的作风形象、饱满的精神状态奋进新征程、建功新时代。

立标杆、作表率，为全党树立光辉榜样

2023 年 4 月，学习贯彻习近平新时代中国特色社会主义思想主题教育启动后，习近平总书记来到广东考察调研。

4 天时间、辗转千里，从琼州海峡之畔到珠江之滨，自西向东穿行粤西

大地，习近平总书记不辞辛劳，为的是多看一看当地的发展变化，了解掌握更多实际情况。

“很亲切、很和蔼”“问得很细致、很具体”“没想到习近平总书记对海洋渔业这么了解”……这是基层群众见到习近平总书记的真切感受。

到浙江考察，走进商贸市场同商户、小企业主代表亲切交流；到江西考察，走访直升机生产企业，亲自登上直升机，了解技术研发成果……深入基层、深入一线，始终是习近平总书记地方考察调研的鲜明导向。

以行动作号令，以身教作榜样。

党的二十大以来，习近平总书记18次进行国内考察调研，从革命圣地到改革前沿，从西北边疆到长三角区域，习近平总书记行程密集、步履不停，足迹遍及16个省份。

2023年9月7日，习近平总书记来到受洪涝灾害较重的黑龙江省尚志市老街基乡龙王庙村，看望慰问受灾群众，了解灾后恢复重建进展。从东北谈到华北，习近平总书记说：“我牵挂着受灾的地方。那些地方我之后也会去看。”

2023年11月10日，北方入冬之际，习近平总书记专程来到受灾较重的北京门头沟区、河北保定涿州市，看望慰问受灾群众，检查指导灾后恢复重建工作。

冒着严寒而往，沐着夜色而归。一天时间，乘汽车、换火车，行程横跨京冀两地，足迹覆盖农村、社区、学校、市政设施、水利工程，访居民、见师生、看商铺，入农户、进麦田、上大堤……

“一路走下来，听到了看到了，我心里感到踏实，也是欣慰的，恢复重建工作都在按照计划进行。”

人民群众，始终是习近平总书记最深情的牵挂。

2023年春节前夕，同6个省市基层干部群众视频连线进行看望慰问，与群众拉家常、为群众解难题；

在内蒙古考察调研时正值高考，亲自叮嘱“考生优先”，必要时可调整行车线路；

在上海考察调研时，专门到保障性租赁住房看望新市民，仔细了解生活状况；

…………

一言一行，体现带头贯彻执行中央八项规定的鲜明态度；点滴之间，彰显共产党人执政为民的深厚情怀。

2023 年金秋时节，习近平主席同来自五洲四海的新老朋友相聚北京，共同出席第三届“一带一路”国际合作高峰论坛。

除出席高峰论坛开幕式并发表主旨演讲、举行欢迎宴会外，从 2023 年 10 月 17 日到 20 日，习近平主席安排了 7 个半天的时间，同与会的所有外方领导人分别会谈会见，常常从清晨忘我工作到深夜……

党的二十大以来，习近平总书记出国访问 6 次 25 天，到访 7 个国家，主持 4 次主场外交，严格执行外事规定，精简随行人员，简化迎送接待，展现出以上率下的务实担当、崇高风范。

李强、赵乐际、王沪宁、蔡奇、丁薛祥、李希同志和中央政治局其他同志认真贯彻落实习近平总书记重要指示要求，严格执行中央八项规定，切实抓好分管领域、部门和所在地方的贯彻落实。

在改进调查研究方面，中央政治局同志围绕全面贯彻党的二十大精神，就推进中国式现代化等重大问题赴地方考察调研。调研中坚持扑下身子、沉到一线，注重通过“四不两直”等方式了解真实情况，力戒形式主义、官僚主义。

在精简会议活动方面，严格控制全国性会议活动数量、规模、会期，优化党中央决策议事协调机构会议组织安排。严格审批越级开会、赴外地开会，采用视频方式召开会议、举办活动日益成为常态。

在精简文件简报方面，坚持“短实新”文风，细化中央文件篇幅字数标准。除党中央统一安排和批准外，中央政治局同志个人没有公开出版著作、讲话单行本以及发贺信、贺电、题词、题字、作序等情况。

在规范出访活动方面，合理统筹出访安排，严格执行出访天数、团组规模、住宿餐饮等方面要求；严格按照规定乘坐交通工具。

在改进新闻报道方面，对篇幅字数、版面安排、时段时长等进一步严格把关。精简全国性会议活动新闻报道。

在改进警卫工作方面，科学部署力量，减少交通管制，减少对群众生产生活的影响。

在厉行勤俭节约方面，坚决落实“过紧日子”要求，进一步压减中央本级“三公”经费预算，严禁地方违规建设楼堂馆所、借债搞“形象工程”。

以身教者从。以习近平同志为核心的党中央认真贯彻执行中央八项规定及其实施细则，不打折扣、不做变通，以实际行动为全党树起标杆、作出示范。

新征程、再出发，推动作风建设向纵深发展

2023年中秋、国庆节前夕，中央纪委国家监委公开通报7起违反中央八项规定精神典型问题，再次释放紧盯关键时间节点、严抓作风问题的鲜明信号。

作风建设永远在路上，永远没有休止符。

党的二十大以来，各地区各部门深入学习贯彻习近平新时代中国特色社会主义思想和党的二十大精神，深刻把握作风建设新形势新任务新要求，持续深化落实中央八项规定精神，科学精准整治作风顽疾，持续激发党员、干部干事创业动力，以作风建设新成效为奋进新征程保驾护航。

凝心铸魂，筑牢作风建设思想政治根基——

“通过集中教育推动全党以自我革命精神解决党风方面的突出问题，是一条重要历史经验。”

2023 年 6 月，习近平总书记在内蒙古考察调研时，就抓实以学正风提出明确要求，为广大党员、干部以过硬作风、扎实举措推动主题教育取得实效指明方向。

党的作风是党的形象，是观察党群干群关系、人心向背的晴雨表。

各地区各部门全面系统深入学习习近平新时代中国特色社会主义思想，在主题教育中采取各种形式，引导广大党员、干部以党的创新理论凝心铸魂，通过深入的检视剖析整改，涤荡思想之尘、作风之弊、行为之垢，将政治标准和政治要求贯穿作风建设始终，着力营造风清气正的政治生态。

突出重点，以钉钉子精神纠治“四风”顽疾——

“查处违反中央八项规定精神问题 11860 起，批评教育和处理 16728 人，给予党纪政务处分 11870 人……”2024 年元旦前，中央纪委国家监委网站公布 2023 年 11 月全国查处违反中央八项规定精神问题情况月报数据。这已是该数据连续公布的第 123 个月。

从把纠治形式主义、官僚主义摆在更加突出位置，对搞“半拉子工程”“面子工程”以及不担当不作为乱作为等开展专项整治，对粮食购销、耕地保护等领域不正之风强化监督执纪，到针对享乐主义、奢靡之风突出问题加大纠治力度，严肃查处并通报多地领导干部违规聚餐饮酒问题，对办公用房超标问题紧盯不放……

各地区各部门坚持严的基调不动摇，紧盯普遍发生、反复出现的作风顽疾，紧盯问题突出、工作薄弱的领域和地区，靶向发力、重点突破，推动作风建设抓紧抓实、抓出成效。

标本兼治，不断提升作风建设治理效能——

“我们将紧盯领导干部这个‘关键少数’，紧盯违规吃喝、违规收送礼品礼金、违规发放津贴补贴或福利等节日多发问题，深挖背后的利益交换、请托办事等风腐一体问题，从严从重查处违规违纪行为……”

2023年端午节前，黑龙江省纪委监委向全省党员干部和公职人员发出廉洁过节提醒，敲响警惕“由风及腐”“由风变腐”的警钟。

各地区各部门坚持党性党风党纪一起抓，健全风腐同查机制，坚决纠治不正之风背后的腐败问题，深挖细查腐败案件背后的不正之风。

从针对餐饮浪费和“三公”经费支出等方面存在的问题开展联动联查；到严查酒驾醉驾背后的“四风”问题，曝光典型案例；再到推进监督综合信息平台建设，完善“惩、治、防”工作链条，形成治理合力……

在严查“四风”问题的同时，各地区各部门结合干部队伍教育整顿开展光荣传统和优良作风教育、年轻干部纪律作风教育、警示教育，着力培育新时代廉洁文化，以优良党风政风带动社风民风向上向好，推动移风易俗，不断铲除作风问题滋生土壤。

担当作为，以好作风好形象推动形成狠抓落实的良好局面——

“多亏了你们，现在灌溉土地的费用降低了，还不到原来价格的一半。”2023年12月，在山东济宁市嘉祥县杨楼村，种粮大户高克国高兴地说。

记者了解到，针对村民反映的村里灌溉水费过高的问题，嘉祥县纪委监委开展村集体“三资”专项整治，狠刹漠视侵害群众利益的不正之风，助力乡村振兴提质增效。

一分部署，九分落实。

各地区各部门围绕贯彻落实党的二十大作出的战略部署，采取一系列提升能力、改进作风、强化担当的具体举措，激励广大党员、干部锚定目标真抓实干，解决实际问题、办好民生实事，形成了狠抓落实的良好局面。

作风建设成效如何，人民群众最有发言权。

2023年底国家统计局社情民意电话调查结果显示，95.7%的受访群众对中央八项规定精神贯彻落实情况总体成效表示肯定。

风清则气正，气正则心齐，心齐则事成。

2024年是新中国成立75周年，是实现“十四五”规划目标任务的关键一年，推进中国式现代化建设任务艰巨，前景壮阔。

在以习近平同志为核心的党中央坚强领导下，全党上下抓铁有痕、踏石留印，不断将作风建设引向深入，定能以优良作风凝聚起14亿多人民团结一心的磅礴力量，把强国建设、民族复兴伟业不断推向前进！

（新华社北京1月20日电　记者孙少龙　王鹏　范思翔）

（《人民日报》2024年01月21日第01版）

聚焦“国之大者” 强化政治监督

——深入推进新征程纪检监察工作高质量发展之一

强化政治监督，是纪检监察机关肩负的重大政治责任。

党的二十大报告提出，“推进政治监督具体化、精准化、常态化”。习近平总书记在二十届中央纪委二次全会上强调，“政治监督是督促全党坚持党中央集中统一领导的有力举措，要在具体化、精准化、常态化上下更大功夫。”

2023年是全面贯彻落实党的二十大精神的开局之年。作为党内监督和国家监察的专责机关，中央纪委国家监委和各级纪检监察机关牢牢把握全面贯彻落实党的二十大精神这条主线，紧紧围绕服务保障新时代新征程党的使命任务，找准围绕中心、服务大局的重点任务、具体路径和有力抓手，推进政治监督具体化、精准化、常态化，确保党中央重大决策部署不折不扣落到实处。

强化政治引领，始终保持政治监督正确政治方向

新时代新征程政治监督的根本任务就是推动党员干部深刻领悟“两个确立”的决定性意义、坚决做到“两个维护”，确保党中央重大决策部署和习近平总书记重要要求不折不扣落到实处。

中央纪委国家监委和各级纪检监察机关强化政治监督，纠正政治偏差，确保全党在政治立场、政治方向、政治原则、政治道路上同党中央保持高度一致，推动党中央决策部署落地见效。

防范惩治统计造假是党中央部署的重大政治任务，中央纪委国家监委驻国家发展改革委纪检监察组将此作为政治监督的重点。

“推动国家统计局围绕数据失实、权力干预、责任追究、整改效果等方面可能存在的问题进行全面清查，系统梳理党的十九大以来查处的各类统计造假案件，组织开展统计造假问题线索大起底，推动建立防治统计造假的刚性制度。”中央纪委国家监委驻国家发展改革委纪检监察组相关同志说。

中央纪委国家监委研究室有关负责人介绍，当前开展政治监督，就是要站稳政治立场，推动党的二十大精神、党中央决策部署同部门、行业、领域实际紧密结合，从一项项工作、一件件事情中，看党的二十大关于完整准确全面贯彻新发展理念、主动构建新发展格局、着力推动高质量发展等战略部署落实了没有、落实得好不好；看党中央提出的重点任务、重点举措、重要政策、重要要求贯彻得怎么样；看属于本地区本部门本单位的职责有没有担当起来。

党的二十大以来，各级纪检监察机关围绕以中国式现代化全面推进强国建设、民族复兴伟业，细化实化政治监督内容，保障党的二十大精神完整、准确、全面落实。

浙江省纪委监委选取山海协作“飞地”高质量发展、浙江医学检查检验结果互认共享改革、山区26县乡村振兴富农惠农政策落实等事项作为切入口，开展调研监督，及时查纠思想认识不到位、制度机制不完善、监管存在盲区死角等问题。

湖南省纪委监委将习近平总书记重要指示批示作为第一政治要件，建立健全台账管理、专班推进、动态跟踪、督查问责等闭环落实机制，督促相关地区和部门一件一件抓具体抓到位。

强化服务保障，推动解决突出问题

日前，中央纪委国家监委网站发布消息：2023年以来，中央纪委国家监委把开展耕地保护专项监督作为政治监督的重要内容，对66件耕地违纪违法问题线索进行集中督办交办，督促强化执纪执法，严查问题背后的责任、腐败和作风问题。截至目前，66件问题线索已全部办结，共追责问责746人，其中204人为地方党委、政府或部门“一把手”。

守住18亿亩耕地红线，事关粮食安全，事关国计民生。党的二十大以来，中央纪委国家监委和各级纪检监察机关把加强耕地保护监督作为重要任务，持续强化监督执纪问责，推动党中央耕地保护决策部署不折不扣贯彻落实。

中央纪委印发《关于开展乡村振兴领域不正之风和腐败问题专项整治的意见》，把坚决惩治粮食安全、耕地保护等战略举措落实中的腐败和作风问题作为重点，在全国纪检监察系统内作出部署；向各省（区、市）纪委监委发函，对聚焦耕地保护加强政治监督作出具体安排。

广西、海南等地纪委监委出台专门措施，督促相关地方和部门进一步落实农田耕地保护主体责任。吉林省纪委监委结合开展的调研谈话监督工作，将耕地保护作为对相关党委（党组）、部门（单位）“一把手”和领导班子的必谈内容……通过拧紧责任的发条，推动耕地保护相关政策举措落到实处。

党中央重大决策部署到哪里，政治监督就跟进到哪里。

为守护绿水青山，湖北省各级纪检监察机关紧盯中央环保督察移交问题责任追究、沿长江地区生态环境保护、南水北调水源保护等重点，持续强化监督执纪问责。

青海省纪委监委紧盯木里矿区及祁连山南麓青海片区生态环境综合整治、中央和省级环保督察反馈发现问题整改、2022年黄河流域生态环境警示片反映问题整改，建立专班专抓机制。同时，建立生态环保专项信访举报台账。

中央纪委国家监委指导各地纪委监委紧密联系实际，把牢监督方向、深入研究选题，分主题明确本地监督重点，分板块推动各派驻机构抓实政治监督任务；监督保障机构改革平稳有序；紧盯金融领域“靠金融吃金融”、政商“旋转门”和“逃逸式辞职”等重点问题，督促深化整治、全方位推动整改；督促中管高校纪检监察机构开展政治监督……上下联动，形成合力，有力保障了党和国家相关重点工作的顺利推进。

融入日常、做在经常，常态化开展政治监督

政治监督贵在日常，要在坚持。

“要把政治监督贯穿党领导经济社会发展全过程各方面，融入重大发展战略、重要政策举措、重点项目任务的制定和落实之中，推动完善党中央重大决策部署落实机制，以有力有效日常监督促进各项政策落地见效。”中央纪委国家监委研究室有关负责人说。

各级纪检监察机关强化全过程全链条监督，推动党中央决策部署不折不扣贯彻落实。

江西省纪委监委坚持常态化、规范化开展政治谈话，推动上下级“一把手”面对面谈；改进函询工作，对省直单位“一把手”函询时，增加分管省领导审核把关环节，并要求其开展教育提醒，压实“一岗双责”。

广西壮族自治区纪委监委对重大专项工作制定监督清单，实现清单式推进、台账式管理。同时，建立健全政治监督工作“回头看”机制，在重要时间节点对贯彻落实习近平总书记重要讲话和重要指示批示精神、贯彻落实党的二十大精神情况开展“回头看”。

巡视是政治巡视，是推进党的自我革命、全面从严治党的战略性制度安

排。2023 年开展了两轮中央巡视，共巡视 57 家中管企业、5 家中管金融企业、7 家中央国家机关单位。

“我们坚持以习近平新时代中国特色社会主义思想为指导，全面贯彻中央巡视工作方针，把‘两个维护’作为根本任务，推动巡视工作向深拓展、向专发力、向下延伸。”中央巡视办有关负责人介绍，将按照《中央巡视工作规划（2023—2027 年）》要求，忠诚履行党中央赋予的职责使命，守正创新，勇于亮剑，以有力政治监督为中国式现代化提供坚强保障。

（本报记者　孟祥夫　《人民日报》2024 年 01 月 05 日第 01 版）

以钉钉子精神纠“四风”树新风

——深入推进新征程纪检监察工作高质量发展之二

“对违规吃喝、违规收送礼品礼金、违规发放津贴补贴、违规操办婚丧喜庆、公车私用等作风顽疾露头就打”“坚决防治年底突击花钱搞‘四风’现象”……2023 年 12 月 22 日，中央纪委印发《关于做好 2024 年元旦春节期间正风肃纪工作的通知》，督促广大党员、干部廉洁过节，持续巩固深化作风建设。

作风问题关系人心向背，关系党的执政基础。纠“四风”、改作风、树新风，正是推动全面从严治党向纵深发展的有力抓手。

党的二十大以来，中央纪委国家监委和各级纪检监察机关坚持严的基调，落实严的措施，强化严的氛围，以钉钉子精神纠治“四风”，为党的二十大精神落地落实提供了坚强作风保障。

严字当头，靶向纠治“四风”顽瘴痼疾

“河南省信阳市息县在农村人居环境整治中层层加码、检查考评过多过频、搞‘面子工程’等问题”“新疆维吾尔自治区墨玉县委原书记张冠军乱作为、假作为，搞‘形象工程’‘政绩工程’问题”……日前，中央纪委国家监委公开通报6起形式主义、官僚主义典型问题，释放出严抓不放、常抓不懈，坚决打赢作风建设攻坚战持久战的强烈信号。

抓作风建设只有进行时，没有完成时。面对“四风”新情况新动向，二十届中央纪委二次全会工作报告再次明确“中央八项规定是长期有效的铁

规矩、硬杠杠”，强调必须一抓到底、一刻不松，对顶风违纪行为露头就打、从严查处，坚决防反弹回潮、防隐形变异、防疲劳厌战。

纪检监察机关立足职能职责，发扬钉钉子精神，一个问题一个问题纠治，一个节点一个节点坚守，深化纠治“四风”顽瘴痼疾。

——严查案件不手软。中央纪委国家监委提级审查并公开通报青海省6名厅级领导干部在参加学习贯彻党的二十大精神培训班期间违规吃喝典型案件。山西、安徽、湖南、云南等地查办了一批违规吃喝典型案件。

——严守节点不放松。中央纪委国家监委连续123个月公布全国查处“四风”问题数据，党的二十大以来坚守节点分4批次公开通报33起违反中央八项规定精神问题典型案例。各地综合运用公开通报、内部通报、专题通报、个案剖析等方式，用身边人身边事，教育广大党员干部知敬畏、存戒惧、守底线。

——从严监督不松劲。中央纪委国家监委赴部分地区开展“四风”问题明察暗访，带动各地明察暗访工作更加常态化、规范化，把严的信号强烈传导下去。各级纪检监察机关紧盯“四风”问题，加强监督检查、明察暗访。

党的二十大以来，各级纪检监察机关坚持纠树并举，严肃查处违反中央八项规定精神问题。截至2023年11月，全国共查处“四风”问题11.2万起，批评教育和处理16.1万人，其中给予党纪政务处分11.3万人。

以人民为中心，对“蝇贪蚁腐”零容忍

违规决策举债搞建设、侵吞村集体资金，以权谋私、收受群众财物……中央纪委国家监委网站的“群众身边腐败和不正之风问题”专区，持续通报各地典型案例。

群众期盼处，就是工作发力点。各级纪检监察机关坚决纠正一切损害群众利益的不正之风和腐败问题，严肃查处群众身边的“蝇贪蚁腐”，推动解决好人民群众急难愁盼问题。

“乡村振兴、民生等领域涉及群众切身利益，是纪检监察机关着力整治群众身边不正之风和腐败问题的重点领域。”中央纪委国家监委党风政风监督室有关负责人说。

推进乡村全面振兴，要以严明的纪律和过硬的作风作保障。2023 年 2 月，中央纪委印发《关于开展乡村振兴领域不正之风和腐败问题专项整治的意见》，明确5项重点整治任务，跟进制定“持续督办一批突出问题”等“九个一”具体措施，全面推开整治工作。2023 年 1 月至 11 月，全国各级纪检监察机关共查处乡村振兴领域不正之风和腐败问题5.2万个，批评教育和处理7.6万人。

民生领域“微腐败”蚕食群众利益，败坏政治生态和社会风气。中央纪委国家监委持续整治民生领域损害群众利益的突出问题，督促各地纪委监委以办案为有力抓手，全面起底、依法查处民生领域贪污侵占、截留挪用、虚报冒领、优亲厚友等行为。2023 年 1 月至 11 月，全国各级纪检监察机关共查处民生领域不正之风和腐败问题 6.7 万起，批评教育和处理 9.6 万人。

严肃查处四川省南充市高坪区青居镇先进村党支部原书记、村委会原主任黄小刚为恶势力犯罪团伙非法采砂提供帮助等一大批涉黑涉恶腐败和“保护伞”问题……各级纪检监察机关推动加大对“村霸”“街霸”“矿霸”等问题的整治力度，严查黑恶案件背后腐败和“保护伞”。

一次次专项整治、一个个案件查处，对群众身边的“蝇贪蚁腐”露头就打，不断提升群众的获得感、幸福感、安全感，有力保障党中央惠民富民政策落到实处。

敢于亮剑，大力整治形式主义、官僚主义

形式主义、官僚主义是阻碍党的路线方针政策落实落地的“拦路虎”。

从讲政治的高度看问题，中央纪委国家监委把整治形式主义、官僚主义作为践行“两个维护”的具体行动。各级纪检监察机关采取切实可行的举措，坚决向形式主义、官僚主义亮剑，推动党中央重大决策部署落地见效。

——聚焦“国之大者”，把贯彻落实习近平总书记重要指示批示精神作为重中之重，坚持党中央重大决策部署到哪里、作风监督就跟进到哪里，各级纪检监察机关围绕粮食购销、耕地保护、数据统计、防汛救灾等领域，强化监督执纪，严肃查处了一批形式主义、官僚主义典型案例。

——围绕服务保障高质量发展，紧盯破坏发展环境的不正之风，辽宁、广东等地开展优化营商环境专项监督，严肃纠治“新官不理旧账”、漠视侵害企业合法权益等问题。

——紧盯政绩观偏差问题，各级纪检监察机关结合主题教育，集中治理“半拉子工程”“形象工程”等问题。江西将整治“面子工程”等作为省级层面10个专项整治项目之一，挂图作战、专班推进。内蒙古开展“半拉子工程”大起底行动，坚决纠正政绩观扭曲、事业观偏差问题。

——着眼为基层干部松绑减负，中央纪委国家监委首次专题公开通报10起加重基层负担的形式主义、官僚主义典型问题，协调配合职能部门围绕防治“指尖上的形式主义”等突出问题完善制度规定。各级纪检监察机关纠治了一批文件简单照抄照搬、层层陪会、调研缺乏统筹等问题。

党的二十大以来，截至2023年11月，全国共查处形式主义、官僚主义问题4.8万起，批评教育和处理7.5万人。

新征程上，纪检监察机关将坚持全面从严、一严到底，驰而不息纠“四风”树新风，努力营造风清气正的政治生态。

（本报记者　吴储岐　《人民日报》2024年01月06日第01版）

坚决打赢反腐败斗争攻坚战持久战

——深入推进新征程纪检监察工作高质量发展之三

“反腐败斗争形势依然严峻复杂，遏制增量、清除存量的任务依然艰巨。”在二十届中央纪委二次全会上，习近平总书记对反腐败形势作出深刻分析，指出“必须深化标本兼治、系统治理，一体推进不敢腐、不能腐、不想腐”。

党的二十大以来，在以习近平同志为核心的党中央坚强领导下，中央纪委国家监委和各级纪检监察机关坚定不移推进反腐败斗争，不断提升不敢腐、不能腐、不想腐一体推进综合效能，不断取得更多制度性成果和激发更大治理效能。

精准发力，始终保持零容忍震慑不变

2023 年 12 月 11 日，中央纪委国家监委网站发布信息：“新疆维吾尔自治区党委原副书记李鹏新涉嫌严重违纪违法，目前正接受中央纪委国家监委纪律审查和监察调查。”当月 8 日至 11 日，4 天内 3 名中管干部被查。

2023 年 7 月，密集发布 6 名中管干部接受审查调查信息；2023 年 6 月、7 月，密集发布 12 名中管干部受到党纪政务处分的信息……过去一年，重拳“打虎”的消息不断，严肃通报震撼人心，释放出坚定不移推进反腐败斗争的强烈信号。

反腐败斗争具有长期性、复杂性、艰巨性，注定是一场攻坚战、持久战。这一年，中央纪委国家监委坚持以零容忍态度反腐惩恶，更加有力遏制

增量，更加有效清除存量。

有了靶向，就能精准发力。中央纪委国家监委和各级纪检监察机关严查重点问题，坚决查处政治问题和经济问题交织的腐败，坚决防止领导干部成为利益集团和权势团体的代言人、代理人，坚决防止政商勾连、资本向政治领域渗透等破坏政治生态和经济发展环境。突出重点领域，坚决清理风险隐患大的行业性、系统性、地域性腐败，坚决纠治政商“旋转门”“逃逸式辞职”问题，加大对国企、金融、医疗、粮食购销、乡村振兴、烟草、体育和统计造假等领域案件查处的力度。

2023 年 3 月，中央反腐败协调小组国际追逃追赃和跨境腐败治理工作办公室召开会议，决定启动“天网 2023”行动。

随着一批外逃人员被引渡、遣返回国，或是主动回国投案，“天网 2023”行动成果斐然。2023 年 1 月至 11 月，追回外逃人员 1278 人，其中党员和国家工作人员 140 人，“红通人员”48 人，追回赃款 29.12 亿元。

系统整治，一体推进“三不腐”

反腐败既要个案清除、重点惩治，也要系统整治、全域治理。

2023 年，在党中央集中统一领导下，中央纪委国家监委有效整合反腐败工作全链条力量，协助党中央制定《中央反腐败协调小组工作规划（2023—2027 年）》，加强党中央对反腐败工作的集中统一领导，进一步明确反腐败斗争的重点问题、重点领域、重点对象，把一体推进不敢腐、不能腐、不想腐的决策部署转化为具体的目标任务，把党的政治优势、组织优势、制度优势转化为腐败治理效能，全面巩固反腐败斗争压倒性胜利。

2023 年 7 月 22 日，中央纪委国家监委通报 2023 年上半年全国纪检监察机关监督检查、审查调查情况。一个变化引人注目——增加了立案行贿人员的相关数据。这释放出鲜明信号：坚持受贿行贿一起查。全国纪检监察机关深化源头治理，严肃查处多次行贿、巨额行贿、向多人行贿、危害一方政治生态的行贿人，着力清除危害政治生态的重要“污染源”，构建亲清统一的新型政商关系，推动实现腐败问题标本兼治。

充分运用好“四种形态”，是贯通规、纪、法，连接不敢腐、不能腐、不想腐的重要手段。2023年，全国纪检监察机关把纪律教育寓于日常监督管理，深化运用“四种形态”，特别在用好第一种形态上下功夫，抓早抓小、防微杜渐，使铁的纪律转化为党员干部的日常习惯和自觉遵循。

“曾经的领导、同事，如今却成为‘片中人’、反面教材，让人深感惋惜，更令人警醒。”在观看青海省纪委监委拍摄的警示教育片《守护高原粮仓》后，青海省粮食系统干部深受触动。

党的二十大以来，各级纪检监察机关坚持系统施治、标本兼治，惩治震慑、制度约束、提高觉悟一体发力开展警示教育，以身边人、身边事警醒党员领导干部，做好审查调查的“后半篇文章”。

健全制度，把权力关进制度的笼子

2023年12月，新修订的《中国共产党纪律处分条例》正式公布。

这是党的十八大以来，党中央第三次对这一规范党组织和党员行为的基础性法规进行修订，释放了不断扎紧织密制度笼子，全面从严治党越来越严、越往后执纪越严的强烈信号。

制度具有根本性、全局性、稳定性和长期性，要从源头上有效防治腐败，必须加强对权力运行的制约和监督，把权力关进制度的笼子。

党的二十大报告明确提出，“完善党的自我革命制度规范体系”。中央纪委国家监委将坚持完善党的自我革命制度规范体系作为纪检监察法规制度建设的重要着力方向，统筹谋划、动态推进立改废释清全链条工作，促进党的自我革命制度规范体系内容更加全面、程序更加严密、配套更加完备。

经党中央同意，中办印发《中央巡视工作规划（2023—2027年）》，明确此后5年巡视工作总体思路、目标任务、主要举措。

出台中央纪委国家监委法规制度制定工作五年规划，制定制度成果清单，明确制度建设长远目标和重点任务。

聚焦加强监督执纪执法标准化建设，建立健全纪检监察建议、问题线索处置、案件质量评查、办理跨境腐败案件等制度，提升以法治思维和法治方式正风肃纪反腐能力水平。

…………

全面从严治党永远在路上，党的自我革命永远在路上。新征程上，中央纪委国家监委和各级纪检监察机关将继续主动应对反腐败斗争新形势新挑战，巩固来之不易的压倒性胜利，持续发力、纵深推进反腐败斗争，坚决铲除腐败滋生的土壤和条件。

（本报记者　吴储岐　《人民日报》2024 年 01 月 07 日第 01 版）

严管严治锻造纪检监察铁军

——深入推进新征程纪检监察工作高质量发展之四

纪检监察机关因党而生、为党而战，担负着维护党中央权威和集中统一领导的重大责任和崇高使命。

“纪检监察机关是推进全面从严治党的重要力量，使命光荣、责任重大，必须忠诚于党、勇挑重担，敢打硬仗、善于斗争，在攻坚战持久战中始终冲锋在最前面。”在二十届中央纪委二次全会上，习近平总书记对纪检监察机关提出明确要求、寄予殷切期望。

打铁必须自身硬。在党中央坚强领导下，纪检监察机关坚决贯彻习近平总书记重要指示批示精神和党中央决策部署要求，统筹抓好学习贯彻习近平新时代中国特色社会主义思想主题教育和开展全国纪检监察干部队伍教育整顿工作，以彻底自我革命精神纯洁思想、纯洁组织，努力打造忠诚干净担当、敢于善于斗争的纪检监察铁军。

抓好学习教育，筑牢拒腐防变的思想堤坝

海南省纪委监委、中国政法大学、海南大学举办纪检监察高水平研究基地成立暨“砺剑工程”培训班开班仪式。活动现场，三方签署合作共建协议，并为纪检监察高水平研究基地与纪检监察校外实习基地揭牌。

“依托该基地，省纪委监委与海南大学联合举办首期‘砺剑工程’海南省纪检监察干部专业能力提升培训班，鼓励全省纪检监察系统非法学专业背景的干部参加学习培训。”海南省纪委监委有关负责人介绍。

以主题教育和教育整顿为契机，海南省纪委监委强化干部思想淬炼、政治历练、实践锻炼、专业训练，落实好“第一议题”制度，完善“五学联动”和“书记上讲台、班子下支部、党员紧看齐、先进带后进”的学习机制，形成良好学习氛围。

中央纪委国家监委和各级纪检监察机关紧扣深入学习宣传贯彻党的二十大精神，贯通推进主题教育和教育整顿相关工作，为推进新征程纪检监察工作高质量发展提供坚强保障。

中央纪委常委会严格执行“第一议题”制度，跟进传达学习习近平总书记重要讲话和重要指示批示精神，2023 年开展 6 次集体学习，自觉用党的创新理论武装头脑、指导实践、统领纪检监察一切工作。始终把贯彻落实习近平总书记重要指示批示摆在首位、作为重中之重，建立工作台账，实行清单管理，常态化开展落实情况“回头看”，健全闭环落实机制。聚焦习近平总书记的重要指示批示，研究落实举措，加大监督执纪执法力度，会同有关部门推动深入整改整治。围绕党的二十大战略部署和党中央因时因势作出的决策部署加强监督检查，及时发现、处置、通报违反纪律、落实责任和措施不力等问题，督促各级党组织和广大党员干部令行禁止、步调一致向前进。

为确保学习取得良好效果，各级纪检监察机关用好正反面典型，以身边人、身边事教育引导纪检监察干部。中央纪委国家监委编印《忠诚卫士——全国纪检监察系统先进典型风采录》，组织新时代纪检监察系统先进典型事迹报告团，举办先进典型事迹报告会，激励全系统崇尚先进、见贤思齐；深入剖析近年来查处的纪检监察干部违纪违法典型案件，编印案例警示录。

各级纪检监察机关通过组织观看警示教育片、职务犯罪案件庭审，参观廉政教育基地等活动，引导广大纪检监察干部以案为鉴、警钟长鸣。

通过持续深入抓好学习教育，广大纪检监察干部进一步夯实对党绝对忠诚的思想基础，筑牢拒腐防变的思想堤坝，切实把学习教育成果转化为推进工作的实际成效。

刀刃向内、动真碰硬，持续净化纪检监察干部队伍政治生态

执纪者必先守纪，律人者必先律己。

中央纪委国家监委和各级纪检监察机关刀刃向内、动真碰硬，全面清仓起底纪检监察干部问题线索，严肃查处违纪违法问题，深入开展警示教育，系统健全完善制度机制，持续净化纪检监察干部队伍政治生态。

强化组织领导，上下联动“一盘棋”——

坚持把党的领导贯穿教育整顿全过程，中央纪委国家监委和各级纪检监察机关深化完善重要情况请示报告制度，强化组织领导，加强整体谋划，分层分类指导督导，做好问题线索受理处置工作，从政治上保证教育整顿有力有序推进。

中央纪委国家监委向各省（区、市）和新疆生产建设兵团纪委监委派出督导组，并明确委机关党委、相关室对中央纪委国家监委机关、派驻（派出）机构和中管企业、中管高校纪检监察机构开展归口督导检查，压实教育整顿政治责任，以严督实导保障各项工作扎实有序推进。

各级纪检监察机关结合实际制定教育整顿问题线索受理处置工作方案，由主要负责同志扛起第一责任人责任，以调研、约谈等方式加强督导检查，推动责任到岗到人、工作落细落实。

全面清仓、归口管理，线索起底“一口清”——

各级纪检监察机关清仓起底问题线索，按照管理权限和分级负责要求，组织专门力量对党的十八大以来反映纪检监察干部问题线索进行起底梳理、归口管理，确保不漏一人、不漏一条。

上海市纪委监委专题研究下级纪检监察机关受理处置未办结问题线索情况，对久办未结、未结线索较多的单位主要负责人逐一约谈。

江苏省纪委监委在全面起底问题线索基础上，进一步对干部监督室、案管室、信访室等单位数据信息进行多轮比对，确保线索清仓见底。

重庆市纪委监委建立周报数据、月报进展等工作机制，对一般性问题线索快查快核，限期办结；深挖重点问题线索，一件一专班，一周一研讨，严查严办。

坚持快查快办，坚决清理门户，有力有效净化干部队伍——

中央纪委国家监委制定纪检监察干部重点案件和重点问题线索督办工作规程，跟踪督办重点问题线索。中央纪委国家监委网站多次以“3 连发”“4 连发”的形式通报全国被查处的纪检监察干部案件信息。

各级纪检监察机关刀刃向内自剜腐肉、动真碰硬解决问题，严肃查处纪检监察干部违纪违法问题，以实际行动形成强大震慑、有力防治“灯下黑”。

“下一步，我们将持续做好纪检监察干部队伍教育整顿和成果转化，加大线索处置和案件查办力度，持之以恒以严的基调、严的措施、严的氛围管队伍、强监督，健全完善干部监督体制机制，为建设高素质专业化纪检监察队伍持续提供有力保障。”中央纪委国家监委干部监督室有关负责人表示。

深化纪检监察体制改革，释放更多治理效能

党的二十大以来，各级纪检监察机关认真贯彻落实党的二十大精神和中央纪委二次全会工作部署，持续深化纪检监察体制改革，推动完善党和国家监督体系、党的自我革命制度规范体系。

纪检监察体制改革是完善党和国家监督体系的重大战略，是纪检监察工作规范化、法治化、正规化建设的内在要求。各级纪检监察机关坚持深学习、实调研、抓落实，着力从制度层面解决制约监督执纪执法、监督体系高效运转的突出问题，推动制度优势更好转化为治理效能。

深化派驻机构改革是推动纪检监察监督横向到边的内在要求。中央纪委国家监委认真落实《纪检监察机关派驻机构工作规则》，完善派驻监督体机制，推进派驻监督的有形覆盖和有效覆盖。落实党和国家机构改革的工作部署，调整完善中央一级涉改部门纪检监察机构设置、人员配备；全面推进垂

直管理单位纪检监察体制改革，深化中管高校纪检监察体制改革，完成31所中管高校内设机构设置；深化地方派驻机构改革，扩大省级纪委监委向省管高校和国有企业派驻纪检监察组试点。

坚持以党内监督为主导、完善各类监督贯通协调机制，是推动完善党和国家监督体系的重要方面。各级纪检监察机关重点完善与审计监督贯通协同机制，用好审计监督成果，发挥审计在反腐治乱方面的重要作用。树立大抓基层鲜明工作导向，着力完善基层监督体系，围绕整合基层监督力量、提升基层监督办案质效，推动健全以县级统筹为主的片区协作、提级监督、交叉检查工作机制，扩大对村（社区）“一肩挑”干部、集体“三资”管理等提级监督试点。

小智治事，大智治制。随着制度不断健全完善，纪检监察体制改革不断深入，必将释放更多治理效能，为全面从严治党提供有力支撑。

（本报记者　孟祥夫　《人民日报》2024年01月08日第02版）